教育实践创新应用

袁柯明　主编

清华大学出版社
北京

内 容 简 介

随着国家创新驱动发展战略的实施，教育实践创新成为当前高校本科教学改革的首要任务。本书以教育实践创新在高校教育教学改革中的应用为切入点，介绍了教育实践创新现状分析、教育实践创新的相关研究、教育实践与创新的主体作用、创新教育与科技创业的拓展途径、教育实践协同创新促进学生技能的提升、以教育实践创新理念促进高校教学改革、以教育实践创新促进学校信息化建设、以教育实践创新促进教师专业发展、以教育实践创新促进高校创新创业教育工作发展、以教育实践创新提升高校学生人文素养水平等内容。

本书从理论到实践，多维度、多角度分析教育实践创新在高校创新拔尖人才培育体系中对深化本科教育教学改革的作用，可作为广大教育工作者进行教育改革的参考书。

图书在版编目(CIP)数据

教育实践创新应用 / 袁柯明主编. —北京：清华大学出版社，2024.6

ISBN 978-7-302-65151-2

Ⅰ. ①教⋯ Ⅱ. ①袁⋯ Ⅲ. ①教育工作－研究 Ⅳ. ①G4

中国国家版本馆 CIP 数据核字(2024)第 003197 号

责任编辑：王　定
封面设计：周晓亮
版式设计：孔祥峰
责任校对：马遥遥
责任印制：刘海龙

出版发行：清华大学出版社
网　　　址：https://www.tup.com.cn，https://www.wqxuetang.com
地　　　址：北京清华大学学研大厦 A 座　　　邮　　编：100084
社 总 机：010-83470000　　　　　　　　　　邮　　购：010-62786544
投稿与读者服务：010-62776969，c-service@tup.tsinghua.edu.cn
质 量 反 馈：010-62772015，zhiliang@tup.tsinghua.edu.cn
印 装 者：三河市君旺印务有限公司
经　　销：全国新华书店
开　　本：185mm×260mm　　　印　　张：13.5　　　字　　数：235 千字
版　　次：2024 年 6 月第 1 版　　　印　　次：2024 年 6 月第 1 次印刷
定　　价：79.80 元

产品编号：102468-01

前　言

习近平总书记在党的二十大报告中强调："必须坚持科技是第一生产力、人才是第一资源、创新是第一动力，深入实施科教兴国战略、人才强国战略、创新驱动发展战略，开辟发展新领域新赛道，不断塑造发展新动能新优势。""我们要坚持教育优先发展、科技自立自强、人才引领驱动，加快建设教育强国、科技强国、人才强国，坚持为党育人、为国育才，全面提高人才自主培养质量，着力造就拔尖创新人才，聚天下英才而用之。"

粤港澳大湾区高等教育创新创业教育改革，是当前"高等教育服务国家战略和社会发展"新的历史使命。国家创新驱动发展战略背景下，大湾区要形成以创新为主要支撑的经济体系和发展模式，加强科技创新实力，进一步扩大经济规模和提升经济实力，增强国际竞争力与影响力。在这一整体转型过程中，高校创新创业教育改革具有非常重要的意义。

当前，在国家"大众创业、万众创新"改革政策的引领下，借力"一带一路"和粤港澳大湾区计划的实施所创造的机遇，如何落实创新创业教育的升级已成为大湾区发展转型背景下大湾区内的高校面临的重要挑战。面临着创新人才培养和实践活动供给乏力、高端人才不足、原创性成果不够以及相关研究转化率低等问题，未来高校创新创业教育的发展将更加注重这些关键挑战的解决。本书以特区高校，尤其以深圳大学为例，探讨了教育实践创新在学生培养、教师发展以及高校建设等方面的作用。

作为特区大学，深圳大学肩负着创新创业教育改革的重要使命，应贯彻落实《教育部关于加快建设高水平本科教育全面提高人才培养能力的意见》部署要求，充分发挥"教学质量与教学改革工程"项目在教学改革中的引领作用，巩固人才培养工作的中心地位，大力提升人才培养的质量和水平，为广大教师搭建教学改革和创新平台，更好地服务"双区"建设和地方经济发展。深圳大学坚持以问题为导向，以本科教学中存在的实际问题为研究对象，持续深化专业、课程、实验实践、教学组织、教学评价等关键领域改革，创新人才培养模式，优化专业布局结构，提高教师教学水平，整合优质教学资源，推动优秀建设成果共享，提升学生创新创业能力，提出解决问题的可操作性方案，夯实学校本科教育基础，形成和积累了一批构思新颖、具有突破性的教学改革与研究成果。通过项目的实施，进一步激励教师积极开展教学研究，全面提高教师教育教学水平，将立德树人落实在提高本科教学水平和人才培养质量上。

深圳大学以创建先进教学文化为目标，以提高人才培养质量为核心，以教师教学能力发展为主线，通过"青年教师教学能力培养薪火计划""青年教师教学新秀精进计划""深圳大学教师教学能力提升海外研修计划"等项目构筑教师教学发展平台、整合学校教学资源；通过组织"广东省教师教学创新大赛"提升深圳大学教师教学能力，引导教师更新教育理念、创新教学方法，全面促进本科教学质量的提高，创建优良的教学文化。

深圳大学围绕双创教育，加强顶层设计、完善双创教学课程体系、孵化培育创业项目、组织"互联网+"等大赛、组织双创周等双创实践活动、提升双创竞赛水平和构建完整信息化双创生态平台等，切实推动和深化双创教育改革的各项工作，为大学生搭建集创业教育、创业培训、创业实践和创业孵化于一体的实战平台，强化大湾区辐射效能。

编　者

2023 年 12 月

目　录

第一章 教育实践创新现状分析

教育实践创新是当前国家创新驱动发展战略实施的需要，是创新时代对大学生素质教育的基本要求，也是新时代知识经济社会发展的需要。教育实践创新应用的关键是，要科学地构建新型的创新人才培养模式、建立健全创新教育机制和努力提高学生创新能力。

第一节 教育实践创新研究的现状

当前，大学办学重点应当回归人才培养，包括把思想政治教育工作贯穿高水平本科教育全过程、激发学生学习兴趣和潜能以及深化教学改革等方面。

一、创新教育实施的背景

2018 年，教育部聚焦高等教育内涵发展，全面振兴本科教育，大力发展新工科、新医科、新农科、新文科，首批认定 612 个新工科研究与实践项目，增设大数据、人工智能、机器人、物联网等新兴领域急需专业点近 400 个。教育部推进信息技术与教育教学深度融合，分两批认定公布 1291 门"国家精品在线开放课程"，慕课上线数量快速增长至 8000 余门，学习人数超过 1.4 亿人次。教育部研究制定"六卓越一拔尖"计划 2.0，打造覆盖文、理、工、农、医、教等领域的卓越拔尖人才培养领跑计划。第四届中国"互联网+"大学生创新创业大赛吸引了全国 2200 多所高校的 265 万名大学生踊跃参赛,高校创新创业教育改革向更大范围、更高层次、更深程度推进。

一流本科的教育方针只有进行时，其教育行动没有完成时。作为培养新时代创新人才的主要场所，高校被社会寄予厚望，因此既要完善和提高培养人才的整个过程，加强过程管理，也要着力提高学生的创新责任感、创新精神和实践能力，培养堪当中华民族伟大复兴的时代新人。要实现这些目标，高校的教育实践创新工作尤为重要。

二、创新教育的发展变化

所谓创新教育，指的是培育创新人才的教育，旨在通过启发和引导的方式挖掘人的创新意识、开拓人的创新思维、塑造人的创新人格，从而最大限度地激发人的创新潜能，不断提升人的创新能力，提高个人在实践中认识问题、分析问题和解决问题的能力，培育创新人才。可以说，创新教育是高校教育的重要组成部分，是对传统教育的继承和发展，是全面提升大学生综合素养的有效途径。我国教育体系中的创新教育相较于西方发达国家起步较晚。20 世纪 20 年代提出的创造教育是我国创新教育发展的原型，意在打破传统教育，同时提倡创造教育，努力培养能够向着创造之路迈进的创新性人才。虽然创新教育与创造教育本质上并不相同，但创新教育正是在创造教育的基础上产生和发展起来的，是创造教育的继承和拓展，是创造教育在特定历史条件下的升华。随着社会的不断发展，创新的积极作用日益突显，积极培养创新型人才成为社会人才结构发展的必然趋势。

随着时代的发展，特别是在这个全球经济大融合的时代，社会的发展进步急需拔尖创新型人才，而创新型人才的培养，需要有创新的教育模式。教育实践创新作为创新教育模式的重要组成部分，在当前高校教育教学工作中仍有许多需要加强的地方。大学是人才培养的主体，进一步完善教育实践创新培养体系是一所大学赖以生存、社会可持续发展及一个国家综合实力提升的根本保障。因此，将大学教育实践创新作为一个系统完整的培养体系进行研究，探讨教育实践培养体系中的关键因素对教育实践创新质量的有效作用及对教育实践教育结果的影响，并开展教育实践创新教学改革探索与实践研究，对于解决大学教育实践理论界所关注的热点问题，以及推动大学教育实践创新具有重要意义。

纵观我国高校目前的实际发展情况，创新教育的理念在中国虽然形成较晚，但已经普遍融入各高校的办学理念之中，为新时期创新人才的培养打下了坚实的基础。虽然中国高等教育经过多年的发展，但是由于受中国传统文化的影响较深，全社会对实践创新理念的认知相对滞后，不能适应时代的发展和社会的需求。中国传统文化提倡的以六经为准绳、学而优则仕、中庸之道等传统理念深入人心，一直在人们的学习和生活中发挥着积极的效应，但是这种重传承轻创新、壁垒森严、功利心重、谨小慎微的教育理念在一定程度上禁锢了人们的思想，限制了个体主观能动性的发挥和个性发展，与创新教育的理念相悖，很大程度上限制了创新教育的发展空间。同时，我国高等教育的课程结构不合理、教学内容和方式比较保守、实践平台欠缺等问题的存在，在很大程度上阻碍了创新教育的发展。

不难看出，创新教育在高校的发展受到了许多制约因素的影响。虽然各高校在教育观念、专业结构、课程设置和教学内容等方面进行了许多尝试，但都没有达到预期的效果。当然，从这些问题的背后我们也不难发现，制约创新教育发展的诸多因素其实都与大学生的综合素养息息相关。从这个层面来说，我们应当转换思维方式，从激发学生的主观能动性入手，提高学生学习的自觉性和主动性，将提升广大学生的综合素养放在一个全新的高度，从本质上培养学生的创新意识、创新思维和创新能力，进而推动高校创新教育不断向前发展。

人才培养是创新的核心，教育是人才培养的保障。《中华人民共和国高等教育法》规定："培养具有创新精神和实践能力的高级专门人才，是高等学校的根本任务。"深化教育实践改革、创新人才培养模式、培养大学生的创新精神和实践能力，已成为大学教育的核心任务。探索实施教育实践创新教育模式，是实现大学本科教育核心目标的必经途径。

创新教育实践要以激发大学生的创新意识和习惯、培养大学生创新精神和创新能力作为核心要素，重视大学生创新品行塑造和思维培养，着力构建高水平大学教育实践创新体系。

当前，创新教育是每一所大学深化教学改革的主要话题，改革的重点指向创新教育。很多发达国家以专项立项形式推进教育实践的创新改革，美国曾于1985年启动了一项面向21世纪的改革工程，就是致力于科学知识普及，以提高国民整体素质的"2061计划"。日本曾推进"科技创新立国"，塑造了日本的创新改革精神。据联合国教科文组织统计，1993年全世界共有98个国家启动了教育实践创新改革。许多大学设立了学生教育实践改革创新中心，组织并支持教师指导学生开展各项教育实践创新活动。国外高校教育实践创新教育的改革多数突显在具有创新性的教育理念、教育环境、教师专业发展能力、师资队伍、教育实践创新培养模式等方面，同时具有创新性的课程教学和教育管理理念。在美国高校中，针对学生设置了学生创新能力培养的课程，课程有学科研究方法论、创造学等。

我国自 20 世纪 80 年代制定并出台了教育实践创新宏观政策，以引导实施创新教育。教育实践创新过程中，取得了一定的成绩，同时也存在不足之处，主要是对教育实践创新内涵认识不够深刻，并且缺乏开展创新教育的实践经验。目前我国大学教育实践的创新教育发展迟缓。近年来，教育实践创新已成为创新创业型社会发展的主要组成部分，教育实践创新研究也日趋完善，对于如何构建教育实践创新理念、如何解决大学本科教育深化改革过程中所遇到的困难，以及与国外教育实践创新实施过程相互比较的研究较多；能够系统和全面研究大学教育实践创新的教育教学质量的文献数量却不多。研究教育实践创新教育教学质量的主要影响因素、探索提升教育实践创新教育教学质量的有效途径，具有较深刻的理论实际意义和重要的现实指导价值。

第二节　教育实践创新应用的意义

随着社会的不断融合和经济的高速发展，教育实践创新的时代已经到来，对人才的需求和要求发生了深刻变化，大学人才培养模式也应适应新时代的发展要求。教育实践创新的品质是新时代人才最重要的品质。具备教育实践创新品质和创新能力、能适应时代要求的高素质人才，也是国家核心竞争力的主要体现，这些高素质人才肩负着中华民族复兴的伟大历史使命，是新时代社会主义现代化建设、中国富强的主要力量。

我国大学本科教育的改革在不断地深化，教育实践创新质量得到了有效的提升。与世界发达国家的高等教育的发展相比，我国高等教育仍存在许多薄弱环节，大学生的综合素质及专业素养有着不足之处，主要体现在创新意识思维和创造能力的缺乏，以及创新教育实践的力度较弱。研究大学教育实践创新关键影响因素、探索提升创新实践教育质量的有效途径，具有重要的现实指导价值。

一、教育实践创新提高人才培养质量

大学教育实践创新教学质量研究利于提高创新人才培养质量，对构建大学自主创新体系有重要意义。大学教育实践创新教育是大学生创新品行塑造、创新思维形成、创新能力提升的有效途径。在教育实践创新教学过程中，树立"以生为本""以本为本""四个回归"的创新教育观念，探索以学生为主体的新现代教学模式，营造良好的教育实践创新学术氛围，将教育实践创新科学研究与日常教学过程深度融合，对于大学完善自主创新教学模式有着重要意义。

二、教育实践创新促进学生全面发展

大学教育实践创新教学质量研究对于促进大学生全面发展(特别是综合素养的提升)、培养创新精神和思维、进一步提升创新能力有重要的意义。

大学生教育实践创新教学工作需适应习近平新时代青年思想，同时也要适应教育实践大众化的时代要求。在教学过程中，要顾及学生的多样化、个性化，重点培养大学生在学习过程中的主观能动性、自由探究和自主创新的综合能力，同时也要注重培养大学生在学习生活中或日常生活中的团结协作精神，让大学生在较好的教育实践创新教学环境中通过教育实践创新教学工作的实施得以成长，并进一步提升大学生的综合素养。

三、教育实践创新研究有效促进资源整合

大学教育实践创新教学质量研究对于有效整合优化大学教育实践创新资源有着重要的意义。

大学教育实践创新教学工作包括校内课堂教学、学生实验实践教学、教学科研、教学创新活动等教学环节，每一个教学环节紧密相连，学校、企业深度融合，充分利用优质教学资源，有效实现教育实践创新人才培养的整体目标。推进深化教育实践创新教育改革，有利于对创新教育资源的配置进行优化。

第三节 教育实践创新应用的理论背景

随着全球经济文化的深度融合，深化大学教育实践创新的改革工作突显重

要。新时代大学教育改革的不断深入、人才资源优势及不断培养出的拔尖创新人才，能大大促进知识经济时代的发展和智能领域的发展。推进教育实践创新教育理论、实施教育实践创新教学是一所大学的必然发展趋势。

教育实践创新教学理论不是一种抽象概念。它基于现有的教学理论，同时与新时代对教育的需要进行了有机结合，提出一种全新的大学教育范式，是一种与时代紧密结合的教学理论。

一、教育范式的发展历程

我国教育范式的发展大致经历了应试教育、素质教育、创新教育三个阶段。

应试教育：可理解为以应付升学考试为目的的教育。应试教育脱离了社会发展的现实需要，违背了社会发展规律。这种教育理论所指导的教育方式从根本上限制了教育实践的创新，也限制了大学生的创新能力培养和学习能力方面的发展。大学生学习能力的发展，对于一所大学未来的发展很重要，决定了大学培养出来的人才是否适应时代发展和工作需要。应试教育是一种设定统一标准和规则、教学思想僵化的人才培养方法。该教育方式忽略了学生的主体性及创新性培养，不利于拔尖创新性人才的选拔。

素质教育：1999年6月，中共中央、国务院发布了《关于深化教育改革全面推进素质教育的决定》，并召开第三次全国教育工作会议，发出了深化教育改革、全面推进素质教育的动员令。素质教育就是以培养学生创新精神和实践能力为重点，注重学生主体各方面因素协调发展的教育。这种教育方式以学生个体德智体美劳全面发展为培养目标，全面贯彻党的教育方针，培养过程注重全面提升教学质量，以有效促进学生、社会、自然三个方面协调发展为核心价值取向。

创新教育：以培养学生主体的创新能力、创新思维和创新意识为核心的教育方式。注重以学生为主体，以挖掘学生的潜能智慧为目标。创新教育以培养学生的创新意识、创新精神和创新能力为关键工作。这种教学方法具有发散性、辐射性、直觉性和分析性，需要教育实践理论支撑，并将想象与创意相结合，突显综合教学能力。

二、教育实践与素质教育的关系

教育实践与素质教育是两个不同的概念，二者范畴并不相同。素质教育在教学工作中具有基础性，教育实践是教学工作的重点。教育实践创新是素质教育实施的重心，是素质教育在教学工作中的关键因素，教育实践与素质教育相辅相成，互相促进，密不可分。教育实践融于素质教育之中。在教学工作中，素质教育的实现需以教育实践作为内在要求。教育实践创新是素质教育的具体表现，也是素质教育在教学工作中的内在价值取向。教学工作中，素质教育必须将教育实践创新置于其核心的位置，培养学生的创新意识、创新能力和创新思维。

第二章　教育实践创新相关研究

　　教育实践创新是新时代创新人才培养中的重要一环，也是国家发展的长远目标。高校教育教学全面实施教育实践创新工作、开展有效的教育实践创新研究工作不仅有利于促进高校教育发展，同时也有利于提高学生个体学习能力、就业能力、工作转换能力和创业能力。这些能力的发展，要求我们新时代的大学生对自己提出更高的要求。

第一节　教育实践相关研究

　　教育实践是指人类有意识地培养人的活动。教育实践从广义上来讲，是指一切能增进人的知识、技能、身体健康及形成或改变人的思想意识的活动；从狭义上来讲，是指学校教育教学工作者对受教育者的身心有目的、有计划、有组织地施加教育影响的活动。教师是教育实践活动的主体；学生是教育实践活动的对象，同时又作为学习活动的主体而存在于教育实践活动中。教学内容、教学方法、教学组织形式和各种教育设施及设备是教育实践活动的手段。

一、教育实践的内涵

　　大学本科教育阶段，每个专业都专设实践，实践指在教学课程中有目的地认识新事物和改造新事物的物质性活动，是学生在一定社会组织生活中沟通主客体的媒介，具有一定的客观物质性和社会历史性。人类的认知活动是以实践为基础的,因此实践在学生认识的过程中起到决定性的作用。如果学生在教育认识活动中脱离了实践,那么教育的活动也都会失去价值。认识活动来源于实践活动,教育的认知动力、目的、归宿以及检验标准都是实践活动。学生教育实践活动具有多种形式,其中的生产实践、社会实践和科学实验属最基本的实践活动。教育实践活动属于社会实践活动的一种,教育实践活动对社会的影响日益突显,特别在社会作用和知识经济两方面。在新时代科技氛围日新月异的情况下,教育实践活动是社会实践活动中重要的一环。教育实践活动承载着"行是知之始,知是行之成""教学做合一"等教育理念。教育实践是围绕大学生教育教学主客体来开展的实践活动。教育实践的主体包括教师和学生,而教育实践的客体指的是自然、社会及精神三种形式。教育实践的目的是在让大学生在理解和掌握教师讲授的相关知识和相关技能的基础上,培养学生的思维和动手能力,激发大学生发现问题的能力,引导大学生提高解决问题的能力,实现大学生创新能力的培养。教育实践需要通过合理的教学内容、完善的教学设施(包括教研室、实验室、创新创业中心等)以及有效的教学手段(包括较好的多媒体技术、教学演示、实践观摩、实地考察走访等)来实现。

二、关于教育实践的理论基础

马克思主义关于实践的解释有充分的论证。特别是关于人的全面发展方面,马克思主义认为人的智力及体力在得到充分发展时,能将人的各方面能力统一协调发展起来,且能熟练掌握和运用一切自然和社会发展的规律。马克思主义的教育与生产劳动相结合的理论,属于教育学根本性理论和实践范畴。社会生产劳动不是单纯的体力劳动,不管是哪种形式的生产劳动,都需要体力劳动与脑力劳动相结合,教育实践活动始终伴随着生产劳动,二者密不可分。随着社会的发展,社会生产力不断提高,现代社会的强有力手段就是有效地让教育实践与生产劳动共同发展。教育家杜威的实用主义教育理论,是实用主义哲学和进步主义教育的典型代表。杜威认为任何教育的培养方案即教学计划,都要从当时政治经济对教学内容的制衡角度出发,即从社会实际来考虑,同时也要以教师和学生两个方面的实际情况和自身特点来衡量,并要求社会因素及受教育者二者协调统一,共同对培养方案即教学计划的设置起到制衡作用。教育实践环节中选择的教材,必须具有系统的科学知识。教育学家杜威对当时美国纯粹知识和学术的研究做了批判,认为中世纪的学术观点支配着当时这种专门化的、片面的、狭隘的教育方式。为适应新时代教育教学发展要求，高校需进一步深化相关的教育教学改革。学生主体在校园内受到一定的限制，不能充分运用校外实践经验，也不能将学校所学的专业知识运用于日常生活。传统教育中繁杂无章的课程体系应进行全面彻底的改革。全面彻底改革不是仅对现有课程进行调整，这不是解决实际问题的方式。高校的教育改革工作需要与当前社会、政治、经济和文化的发展紧密结合。教育实践创新的改革需要经历一个过程。深化高校教学改革是高等教育活动的行动指南，主要体现在两个方面，即改革内容和改革过程。从教育教学改革角度思考，教学改革不仅要关注具体内容，而且更应关注过程。高校教学改革从理论角度思考，应从教学改革的进度、种类、速度、条件、环境等方面进行深化改革，改革形式上应采取由上到下或由下到上，应关注国家与地方及高校个体之间等方面的联系。在过程中制定具体教育教学改革的方针政策，落实教学改革的实际操作步骤。从某种意义来讲，对于改革的成败，教育改革的过程理论比教育改革的内容理论更加重要。从教育改革过程理论的角度来研究教育实践创新的改革也是一种新的挑战。

教育实践已经以制度化的形式在各高校内固化下来，加强教育实践创新的思想也已经渗入高校的理念及其使命中，大学生实践创新能力的培养还需经过多种学习实践途径来实现和保障。由于这种实践创新机制的理念为教育实践创新打下了基础，故高校应将教育实践思想贯穿于大学生教育的全过程，系统完整地构建教育实践创新体系，从而有力地促进学生主体教育实践创新能力的培养。

三、教育实践创新的意义和价值

当前，教育实践创新工作是新时代创新人才培养建设中的重要一环，而培养创新人才是国家发展的长远大计，因此教育实践创新工作的实施具有重要意义和重要价值。

(一) 教育实践创新工作的意义

教育实践创新可以大大增强学生主体的社会责任感和荣誉感。教育实践教学突显工作的真实性、直观性，在校大学生在社会实践活动过程中，将理论教育与实践教育、学校教育与社会教育有机地整合起来。这种有机的协调整合，在有效促进大学生提高思想政治觉悟、个体创新技能、实践能力开发、个性创新思维能力的发展等方面起到了积极的作用。通过多种有效的教育实践活动，大学生能够对社会各方面真实情况进行接触和判断，形成对于社会现实生活的直接经验。从可信度而言，真实的社会情境对学生起到潜移默化的感染和熏陶作用，使其有效地理解社会发展对创新人才的迫切需求，对教育实践创新的认知更加全面客观，能从历史的、实事求是的、完整的多维视角发现问题，并能客观地分析问题，实现对社会认知、社会改造、品格提升的目标，最终培育出学生的家国情怀。

教育实践创新利于学生树立正确的人生观、价值观及世界观。在学生学习过程中，教师除了在课堂上传授书面知识外，还可以让学生通过自身的教育实践体验，有效形成并且领会"三观"意识。这种意识的形成，既可以弥补学生自身知识结构上的弱点，利于学生坚定政治方向，又可以使其在教育创新活动中实现自我，在现实的生活中更加明白自身的社会责任感。大学生在践行教育实践创新的理念时，必须深入社会各项实践活动，亲身体验教育实践活动，运用能动理论去分析和解决实践中的问题。在实践活动中，要求学生自律自强、自强不息、勇于奉献、自主实践、虚心学习，这些都是新时代大学生必须具备的精神。

教育实践创新是新时代创新人才培养中的重要一环，也是国家发展的长远目标之一。教育实践从思想政治素质和业务水平两方面着手，注重教育过程中的实践教育。通过教育实践，进一步提高学生主体的综合素质与创新实践能力，让学生成为高素质、多层次、创新型人才。尊重各学科特点，进一步优化知识结构，使我国大学教育实践改革走上科学发展之路。

(二) 教育实践创新工作的价值

教育实践创新活动有利于培养大学生良好的品德。学生主体的品德与外界各种因素的影响密不可分。良好的品德不是与生俱来的，并且对一个人有着积极的影响。学生主体良好品德的培养，一直是我国思想政治教育的重点内容之一。在道德意识、道德行为、道德情感等方面对学生主体的过程性培养，将引起大学教学管理工作特别是思政教育的重视。社会实践正是完善良好品德教育过程的有效途径，而社会正是品德养成的重要课题因素，对学生主体的品德养成起到非常重要的作用。学生主体品德养成的整个过程是这样的，首先是对思想品德的认知，然后是对认知的理解和转化，最后是在社会实践活动中历练和升华。社会实践这个媒介与客体的关系紧密，并与主体相连。认知可以转化为行为，通过认知及行为反复循环形成习惯。

教育实践创新对大学生的意志起到重要作用。社会实践的整个过程千变万化，学生在社会实践中的历练能使其形成较好的心理素质，再通过解决社会实践中所遇到的困难，能拓宽学生的胸怀。在解决困难的过程中，使学生树立自强自立、积极向上的精神风貌，对学生的意志力起到锻炼的作用。

教育实践创新是大学培养创新人才的基本途径。拔尖创新人才是新时代科技创新发展的必然要求，也是大学深化教育改革的根本所在。学生主体最有效的学习方式，就是能动地获得新知识，这样有助于学生全身心探究新事物、了解社会的方方面面。教育实践是认知世界的基础，同时也是获取知识的主要途径。培养具有创新意识、创新思维、创新能力的人才，离不开教育实践的磨炼与熏陶。

教育实践创新在学生主体受教育过程中起到最直接的作用。教育实践首先要求学生注重学习理论知识，同时也要从社会实践中获得相应的知识。教育实践不仅丰富了学生的学习资源和学习渠道，也能使学生养成重视实践的学习习惯、关注实践的学习方法。只有这样才能提高学生主体的学习能力和思想认识，并形成对自身全面发展有益的学习观和知识观。其次，学生主体在教育实践过程中，可以加强自己的动手能力和认知能力，同时体会知识探究的全过程。教育实践能让学生较全面地掌握知识并亲身体验教育实践方式，使学生能更好地理解知识，并让学生主体将学到的知识灵活运用到现实生活中。过程性的学习利于学生主体强化对知识的理解和应用，更能让学生自身得到成长。伴随科技产业的发展，新时代大学生面临着更大的社会和市场的竞争压力，因此当代大学需不断深化教育改革，不断调整办学理念、培养方式、教育方式和教育手段。在这种日新月异的背景下，大学教育更需重视学生的教育实践方式，以提高学生进入社会的适应性，并能获得一技之长，增强学生就业竞争力。学生通过教育实践所获得的综合素养，能否获得专业认证或社会同行的肯定，可成为大学教育成功与否的一个考核标准。

教育实践创新正成为当代大学制度建设的重要一环。当前世界面临百年未有之大变局，教育实践在大学的人才培养方面具有重要意义，尤其是在进入高水平大学建设时期。国外的许多高水平大学非常重视教育实践的建设工作，强调教育实践在办学中的重要地位，明确大学的办学理念及办学使命，并重视学生主体应用所学知识解决问题能力的提升。教学管理工作非常注重完善大学教育实践体系的建设。目前，在我国全面推进中华民族伟大复兴的时期，在进一步提升我国综合国力、加快国家科技创新发展的背景下，大学教育深化教育体制改革的重要举措也是国家中长期改革规划纲要的重要战略，对中国特色现代大学制度建设有着深刻的现实意义。

第二节 教育实践创新的变革

教育实践创新的改革，关系到一个国家综合国力的提升。国家的综合国力与科技自主创新有着必然的联系。

一、教育实践创新改革的背景

美国曾于 20 世纪 80 年代提出了培养创新精神的人才目标，随后日本也于 20 世纪 90 年代提出了将创新性教育作为胜人一筹的社会职场生存技能的核心内容。我国教育实践创新的变革起步较晚，在上世纪末才提出加强科技创新的理念。国家综合国力的提升都离不开科技创新，特别是科技自主创新能力方面。科技创新关系到一个民族的进步，在国际社会的激烈竞争中显得更为重要。一个国家通过引进科学技术，无法从根本上改变科技创新落后的局面。只有依靠科技创新，才能从根本上摆脱技术落后的局面，也才能真正让一个国家强盛、快速发展，在世界强国格局中占有一席之地。我国不断深入改革开放，新时代创新氛围日益浓厚。当前，我国更多地依靠科技进步和创新推动经济社会发展，进一步将创新提升到了国家发展战略地位。

二、创新促使经济大融合

创新和教育实践创新这两个理念的地位和作用在知识经济的大背景下，在知识经济全球化和融合的年代，在教育全球化的浪潮中展露无遗。在当前世界经济一体化背景下，发达国家正在进行最大规模的资本输入和资本输出。美国作为全球第一大经济体，拥有大量的资金回笼以及获取大量资金的机会，美国经济发展独占鳌头，全球其他有实力的国家也努力地你追我赶，在经济全球化和相互融合中形成了你中有我、我中有你的时代，给每一个国家带来了机会，也带来了挑战。科技创新成为每个国家发展的主要动力。每个国家的每一个领域都需要创新来激活发展的动力。一个企业想要长远发展，也需要科技创新来保持活力，有活力的企业才有生机和发展，才有一定的竞争力。当前很多发达国家注重创新发展，发达国家社会中已经形成多维度创新体系，创新促发展植根于每个人的潜意识之中。在经济发展的刺激下，需提高创新意识和创新能力，促使社会形成多维度创新体系，并不断发展。在当前经济大融合的新环境下，增进国家与国家之间的文化交流，也能促使每个国家进行教育改革，加速教育全球化正逐渐成为各国教育领域和教育产业重点关注的问题。世界各国将本国的教育成果和经验进行分享与交流，互相学习与借鉴先进的教育方式和教育手段，并呈现出开放、互动、交融等特点。知识经济全球化、教育全球化与创新教育促进教育的有机统一，进一步促进了教育实践的发展。创新教育已经成为促进世界教育全球化有效的教育方式之一。创新教育实施的效果促进教育实践的发展，成为教育全球化发展和深入程度的主要检测标准。经济全球化需要创新来激活动力，创新的活力和动力需要创新教育实践来推动。每一个国家的大学教育管理者已经意识到这一点。随着全球化的热潮，创新教育实践理念在全社会得到认同，要想在世界大发展浪潮中获得一席之地，必须通过创新教育实践、不断自我创新来保持自身特色和活力，更需保持创新体制机制，最终才能取得成功。在学校教育中，教育实践创新要注重培养学生主体的创新精神、创新活力和创新人格，真正让学生主体成为创新型人才。教育实践创新既是一种思维形式，也是一种实践活动，它是创新教育的重要方面。教育实践创新的重点教学工作就是培养学生主体的创新意识及创新能力。教育实践创新不仅可以引领科技创新发展，而且可以推动社会进步、引领市场行为。教育实践创新与社会各方面的发展有着紧密联系。从社会发展来看，科技创新在每一次科技革命和发展进步中都起到了重要的作用。当前，科技创新型人才的培养坚持以全人或完人的培养目标作为全社会教育的最终目标。21世纪的发展更需要人才，并且是创新型人才。学习素质、创新思维素质、交际能力、信息敏感度、合作精神和实践创造性，这些都是创新型人才的必要条件。当前急需改革人才培养模式。单纯进行理论学习、教师的教学方式和教学手段始终用灌输式教学、学生主体的学习效果仅靠考试分数高低来衡量，所有这些都应进行深化改革，并进行科学、合理的可行性研究，应将学生主体胜任某项工作的能力和激发其创新意识作为教学效果考评的重点。当前世界各国都将大学生创新教育放在高等教育改革的首要位置，突显教育实践创新的重要性。大学生教育实践创新能力应该从以下四个维度来分析。

第一，教育实践创新思维维度。教育实践创新思维主要是指学生主体创新意识，以综合性、探索性、求新性为特点的心智活动。可以通过辩证思维、思辨思维、发散思维、交叉思维、批判思维、反思思维来实现。

第二，教育实践创新品格维度。此维度主要关注学生主体的注意力、社会责任感、社会正义感、正直力、奉献精神、大局意识等方面的人格品德。创新品格维度有助于学生的高尚品格建成及正直品格的特质培养。

第三，学生主体创新知识维度。这一维度主要包括学生主体了解和掌握知识、学习和研究各门类知识来为下一步的研究打下良好基础的能力。

第四，学生主体创新能力维度。此维度着重指学生主体认识世界、了解世界、改造世界的能力。通过教育实践创新能力的培养，最终达到创新产出的目的。

第三节　教育实践创新的实施

当前，国家非常重视教育实践创新的各项工作，并出台了多项支撑和激励政策。国家出台相关政策来支持教育实践创新，对教育实践创新的发展起着非常重要的作用，政策支持的力度决定了教育实践创新发展的深度和广度。

一、国外教育实践创新工作的实施

发达国家开展教育实践创新工作的时间较长。很多发达国家将创新教育融入到和教育相关的政策和培养体系中。这种教育实践创新培养模式潜移默化地影响着教学工作，在培养过程中就已经将创新理念深深植入学生主体。

大学教育实践创新做得较好的的国家都先后建立了多个地方教育实践创新实验室。教育实践创新实验室有助于相关教育质量研究人员及时、准确、方便地获取最新教育信息和相关知识。比如，美国国内建立了多个教育实践创新实验室，包括阿巴拉契亚地区教育实验室、中大西洋地区助学实验室、中部地区教育实验室、中北部地区教育实验室、太平洋教育与学习资源(实验室)、东南部地区教育创新(实验室)等。

目前经济较发达的国家都非常注重教育实践创新，其先进的教育实践创新经验和做法值得我们借鉴。这些发达国家中，其国内相关社会组织对教育实践创新活动具有推动作用，不仅在高校发挥主要作用，而且还起到重要的补充协调作用。社会组织的相关教育实践创新工作与其政府政策、大学教育实践创新措施相辅相成、相互促进，利于教育实践创新思想在各社会阶层的推广。这些社会组织产生和创立的宗旨都围绕教育实践创新这一理念。实施教育实践创新工作的相关部门与管理部门配合，并通过奖励政策和激励措施推动教育实践创新活动的开展。政府的政策扶持对其国内教育实践创新思想的养成和创新意识的激发有着重要的促进作用。

二、我国教育实践创新工作的实施

我国非常注重教育实践创新工作，出台各级各类教育政策和教育法规，成立了教育研究与改进办公室，进一步推动了教育实践创新工作的有效开展，严格要求教育单位将具体工作落到实处，共享创新工作成果及互相学习借鉴。教育部成立了教育研究资料中心，负责定期收集、整理相关统计数据和研究资料，协助教育单位的具体工作，并为实施部门提供所需的各类教育领域和相关领域资料。

我国于20世纪70年代就已将教育实践创新能力加入教师的评价指标中，可以看出我国政府教育主管部门对教育实践创新教育的鼓励和支持。

非教育相关部门对教育实践创新的支持，也为教育实践创新工作的开展起到了促进作用。教育实践创新所取得的成绩，与国家的支持是分不开的，社会力量的激励作用也不可忽视。大学是实施教育实践创新的主要阵地，社会各方面的全面配合，特别是政府相关部门的配合显得极其重要。目前我国的教育实践创新研究仍未成熟，教育实践创新理论研究的深度与实践实际取得的效果不匹配，很多高校的实践思路仍在探索阶段。针对当前我国教育实践创新实际情况，教育相关主管部门应制定若干可行性政策、设立教育实践创新研究基地或教育实践教育研究中心等，这有利于强化我国大学教育实践创新的理论支撑。同时，希望非教育相关部门对教育实践创新环节提出有效的政策及方法，并促进这些方面的建设，使我国大学教育实践创新实现常态化、科学化、系统化的发展，为我国的教育实践创新贡献力量。

近年来，我国设立了很多以教育实践创新为主体的研究中心、基金会、相关学会，但是仍然无法满足当前的教育要求，这不利于教育实践创新思想的推广和促进。教育界普遍认为教育实践创新是国家科研机构或大学的主要任务，这种看法表明教育界对于高校教育实践创新的认知存在一定的偏颇。教育实践创新的研究，不仅需要国家和各高校努力，而且需要全社会共同努力，只有这样才能进一步提高社会对教育实践创新研究的认知和热情。当前，社会应树立明确的认识，教育实践创新研究应是整个国家和社会各方面共同努力的产物，社会力量更是教育实践创新的动力源泉。大学要不断深化教学改革，构建创新教育体系，以教育实践创新研究和创新意识潜移默化地影响社会上的每一个人，并将其融入大学教育全过程。政策、制度、教学设计、教学内容、教育培养计划等应具有浓重的教育实践创新因素。

教育实践创新，对高校发展，乃至一个国家经济的发展极其重要。创新文化已经成为一种产业体系。通过近年的发展，我国已经形成较成熟的创新规模，创新已经成为经济发展乃至社会进步的主要力量。

近年来，在政府的引导及社会各民间组织的协助下，我国设立了多种奖励措施并制定了有效政策，以激励教育实践创新，进一步提高民众的创新思维和创新意识。随着我国的经济发展，特别是进入新时代，我国的科技发展迅速，国家已经意识到了竞争带来的紧迫性。面对国内外各种竞争，我们需要激发出较强的创新思维。但存在这种情况，即多数人面对竞争时只考虑解决问题，而没有通过竞争来促进创新的发展。在当前这种严峻形势下，特别是在全球未有之大变局背景下，我们应该营造创新环境、渗透创新精神、培养创新能力，让全社会都投入到创新中来，人人参与创新，建立新世纪全能型创新型社会。

第三章 教育实践与创新的主体作用

创新是时代的主题，也是国家创新驱动发展战略的主要支撑。当前，我国必须提高自主创新能力，培养创新型人才。高校是创新型人才培养的主要阵地，在创新型人才培养方面发挥了重要作用。高校的教育实践创新是高校培养创新型人才的必要环节，高校在培养学生创新意识、创新精神、创新思维、创新能力等方面具有重要的主体作用。

第一节 教育与创新的联系

当代大学生的观察力、记忆力及逻辑思维的发展已趋于成熟。随着学生专业能力的增强，在思维方面，大学生已经具备了比较成熟的表象和形象思维能力。抽象逻辑思维能力的发展也使他们能够超出有形物质条件的束缚来思考问题。他们的思维已有一定的独立性、批判性、组织性和深刻性。更重要的是，大学生在创新意识方面开始觉醒，并能够依据自己的知识和经验主动地发现和提出问题。当代大学生的科技创新意识和创业意识的培育不仅必要而且关键，因此，大学生创业教育与实践能力的培养具有紧迫性、必然性、可能性。随着全球资讯的获取变得快速便捷，同行业间的技术差距越来越小，教育实践创新行为受到广泛关注，教育实践与创新的联系更加紧密。随着科技创新成为创新中的热点，创新行为的高科技含量、高风险、高附加值也受到市场的追捧。对于如何理性地对待大学生科技创新实践、如何培育大学生科技创新实践的软环境、如何更好地找到大学生科技创新教育与市场的切入点，当前国内外都没有定式可言，因此很有必要对科技实践创新教育和科技创新实践的互动关系进行深入的探讨和研究。以下从教育、科技、经济、文化、社会等五个层面入手，探讨科技创新教育和科技创新实践的内涵。

(1) 教育层面的内涵。从人才培养的角度来看，它是一种重要的教学实践活动，是创新教育、素质教育的重要载体和平台。高等教育深厚的文化底蕴、学习氛围、价值取向等对社会产生了强大的辐射作用。高等教育所传播的文化是一种深层次的精神文化，是一种理念、观念等核心层面的文化，因而对社会的影响深刻而久远。高等教育的文化传播具有文化整合的效应，传播的是不同特质文化的精华。高等教育的文化传播不同于偶然的、个别的文化传播，在其传播的过程中，传播者与被传播者之间是一种经常的交流，进行的是稳定而长期的接触。因而高等教育能够对社会文化产生深刻、综合、持久的影响。从一定意义上说，高等教育已成为现代文化的创造中心，成为社会文化建设的龙头，以高深、专门、实践性区别于其他教育类型。因此其教学过程实际上是一个教学科研和社会实践多种活动形式相结合的过程。教育内涵是最基本的内涵。这是由活动的主体(学生)所决定的。

(2) 科技层面的内涵。从科技创新的角度来看，大学生科技创新教育和科技创新活动是整个大学科技创新体系乃至国家创新体系的重要组成部分，树立以科技创新为核心的教育观和先进的教育理念，需要有科学的评价体系支撑。克服传统评价存在的评价指标模糊、评价内容片面、评价方法单一的弊端，要以更宽广的视野，发掘更丰富、更深刻的内涵，从知识、能力、素质、继承与创新、书本与实践等方面，全方位对大学生创新能力做出科学评价。以评价为切入点，从对大学生的科技素质培养实践出发，构建全面、科学的大学生科技创新素质评价体系，使考核从注重知识记忆传承向注重科技创新素质转变，从而有效引导师生员工树立以科技创新为核心的全面质量观，从而可以有效地促进科技进步与发展。

(3) 经济层面的内涵。从经济发展的角度来看，科技创新教育促进科技创新活动的开展，激发科技创新成果的产生。成果的应用可以推动生产力的发展，产生直接的经济效益。在知识经济条件下，经济内涵占有越来越重要的地位。

(4) 文化层面的内涵。它属于校园文化活动的一个重要组成部分。科技创新活动是较高层次的大学生校园文化活动。开展多种多样的科技创新活动，对培养学生创新素质和创新能力、全面提升学生综合水平、推进大学生文化创新和营造活跃的创新校园氛围起到重要作用。

(5) 社会层面的内涵。从社会进步的角度来看，科技创新教育和科技创新实践活动可以引导和推动社会的发展和进步，可以有效地促进科研体制与经济体制的改革。大学生的科技创新实践活动在社会中具有示范和推动作用，可以促进创新和创业的发展。

第二节　实践创新对教育的推动作用

当前大学生科技创新实践教育和科技创新实践活动的内涵是丰富且深远的，创新实践活动的开展是一项复杂的系统工程。任何停留在片面内涵上的理解对深入开展这项活动都是不利的。同时，有必要对科技创新实践活动价值做进一步分析和研究。创新是知识经济的灵魂，大学教育将走进经济乃至社会的中心，成为知识经济时代的主要动力，每一位大学生都是动力中的一份力量。大学生受到大学教育后，特别是随着大学教育价值的提高，大学生科技创新实践教育和科技创新实践活动的地位与价值在整体上也得到了全面提升。

科技创新实践活动对创新教育工作有着重要的影响，合适的创新教育方式能够促进创新实践的发展，二者存在紧密的联系。在高校教学工作中，实践创新对培养人才和教育教学改革具有推动作用，主要体现在如下几方面。

一、科技活动推进创新人才培养

科技活动推进创新人才培养。创新教育是以培养人们的创新精神和创新能力为基本价值取向的教育模式。其核心是，在全面推进素质教育的过程中，培养学生的创新意识、创新精神和创新能力。学生课外科技活动的开展，可以引导学生尽早参与科学研究。体验模拟性为主的科研过程，也可以使学生了解自己的兴趣与能力所在。比如，学生参与以教师为主的研究小组、自主开展课题研究，或者学生自己提出创业项目计划，包括基础研究性项目、创造性应用设计工作以及公众服务性项目等。这些科研活动的训练有利于社会复合型、创新型高素质人才的培养。大学生学术科技活动紧扣教育实践环节，推动了教学管理改革，对构建多样化人才培养模式、教学培养方案个性化、教学内容基础化、学生学习主体化、教学手段现代化和教学管理科学化等具有先锋铺垫的作用。开展学生科技活动有利于两类重要人才培养:一类是能够获取知识产权的从事科研的学术型人才;一类是能够把已有科研成果应用于实际、有市场意识、能直接为经济建设服务的复合型应用型人才。

二、科技活动丰富教育内容

科技活动能够丰富创新教育的内容。作为课堂教学主渠道的辅助环节,学生科技创新活动在活动设计和组织上结合学生发展需求,形成了学生自主参与、重点突出、特色鲜明的活动体系,有效补充了创新教育的课内外衔接。以"挑战杯"等科技竞赛为主线,可以根据学生不同阶段的知识结构、兴趣爱好的不同特点,有针对性地组织开展重在参与、普及、提高的不同性质和层次的科技创新活动,包括各类学术竞赛活动、高水平学术讲座、学生科研论文报告会、学生科技成果展等,使不同学生能在不同类型的活动中找到适合自己的活动。这些活动所孕育的科技创新氛围能够激发参与热情,培养创新精神。创新教育的一个重要内容,就是培养学生创造性学习方式,使学生关注呈现式、发现式、发散式和创造式的问题,形成一种带有情感色彩的自动化的学习活动。与传统教学方式相比,科技活动是产生创造性产品的过程,是创造性学习的过程。因此科技活动有利于激发学生创造性学习兴趣,使学生保持旺盛的求知欲;有利于培养学生学习理想,使学生在奋斗目标的激励下,形成创造性学习的意志品质;还有利于端正学生学习态度,使学生善于发现,善于反思,学会去粗取精、去伪存真,养成敢立敢破的学习习惯。

三、科技活动探索创新教育机制

科技活动有利于探索创新教育机制建设。培养高质量的创新型人才需要对人才目标、人才培养过程中的各种关系、人才培养方法、人才培养措施等多方面进行实践的探索。改革课堂教学模式、创新教育的主渠道,其难度较大,是一个长期的过程。作为教学活动的延伸,学生科研活动的开展可以采取更多积极有效的措施。良好的组织体系、必要的支撑条件和相应的评估体系、激励机制是开展学生科技创新活动的基本保障。在逐步完善高校组织的"挑战杯"等科技赛事的过程中,逐步形成一套有效的创新教育机制。大学生科研立项资助制度、学生科研成果公开答辩制度、学生科研学术报告会制度等配套措施,使学生科研活动逐步规范化。实施大学生科研训练计划、设立学生科研专项基金、整合校内外资源、落实科研创新实践基地等措施是创新教育人才培养模式的全新探索。

四、科技创新实践培育创新意识

科技创新实践有利于培育创新意识。秉着崇尚科学、追求真知、勤奋学习、锐意创新、迎接挑战的宗旨，大学生科技活动为不同学术群体的交流、不同思维方式的碰撞提供了桥梁，营造了勇于探索的创新教育环境。浓厚的学术气氛影响着学生的学习态度、学习观念和学习作风，对创造型人才的培养起着直接的推动作用。大学创新教育不是精英教育，大学生科技创新实践具有大众性和普及性，是面向全体学生的。这种大众性和普及性在于为每个人提供参与科技创新、探索性学习的机会，同时要求每个人都应具有一定的学习能力，学会应用各种资源，以求是、求实、探索的精神不断发展自己。学生在自主参与科技论坛、创业实践、科技竞赛、学术研讨、课题攻关等探究型活动中，不仅掌握了与人沟通的技巧、培养了合作精神，而且培养了探索和创造的精神。

五、科技创新培育应对挑战能力

科技创新是大学创新教育的重要载体和平台。从哲学的角度来看，为了应对知识经济的挑战，大学生首先应该有正确的学生观和学习观。大学生的主体性应该得到充分的尊重，他们应该有充分的"学习自由"。他们既是学习者，也是研究者，他们所从事的应该是研究性学习，是对高深专门知识的探讨。传统的知识接受型人才已逐渐遭到淘汰，掌握发现和应用知识的方法成为重要任务。人才培养是大学的主要功能之一。面对知识经济时代的到来，大学必须实施创新教育以培养高素质的创新人才。因此，创新教育已成为大学新的教育理念和教育模式。大学生科技创新活动的本质内涵是"教育"。首要的目的是"育人"。作为一种实践活动，它具有理论联系实际的特点，活动的开展能够充分弘扬学生的主体性，形成一种浓郁的创新氛围，激发学生的创造激情，培养学生的创新意识、创新精神和创新能力。因此，科技创新活动是大学创新教育不可缺少的重要载体和平台，是学生学习自主的重要体现，可以引导学生尽早进入研究、发现和创造领域，对培养大学生的创新素质，特别对培养和造就拔尖科技人才具有不可替代的作用。同时，活动的开展有利于促进"第一课堂"的学习，调动了教师授课的积极性和学生课堂学习的主动性和能动性，形成课内课外相互促进的良性互动关系。科技创新教育是科技创新活动基础和起点的重要组成部分，也是国家创新体系最具活力的组成部分。创新和创业是紧密相关的，大学生创业的黄金时代已逐渐来临。知识经济的发展进步为大学生的创新与创业开辟了广阔的前景。首先，知识经济是以现代高新技术产业为主导的经济，要求掌握了现代科学技术、富有冒险和创新精神的年轻大学生担负起这一历史责任。其次，知识经济的资源特征为大学生的创新创业提供了资源优势。在知识经济社会里，知识是财富增长中最具决定意义的要素，大学生应该具有将多种知识转化为财富的观念和能力。再次，社会需求的多样化和企业规模的中小型化为大学生创业提供了空间。另外，因特网的普及为大学生创新创业提供了信息优势。21 世纪的高等教育明确提出：培养学生的创新创业技能，应成为高等教育主要关心的问题。

六、科技创新有利于大学价值的提升

科技创新活动有利于大学价值的提升。大学是探究高深知识的场所，学术创新是现代大学的一个基本理念。因此，大学价值的本质是创新。创新本质上是创造主体的一种精神活动，创新意识、创新能力的培养、创造力的发挥都需要良好的精神生态环境。大学生科技创新活动的蓬勃开展可以促进校园文化，提高大学的品位，体现大学的学府气息，从而营造一种良好的学习、育人环境和学术文化氛围，激发学生学习的主动性、积极性和创造性；同时也可以促使校园形成自由、民主、平等、开放、竞争的文化环境和创新教育环境。因此，大学生科技创新活动应该成为大学价值提升的主旋律，把大学塑造成适合创新教育的和谐环境。

七、科技创新实践促进创新教育建设

科技创新实践是检验科技创新教育成功与否的唯一标准。大学生能不能符合社会发展的要求、能不能把所学的知识很好地运用到实践中去，都需要接受实践的检验，实践成为检验大学生培养质量的根本标准。拥有了文凭、学位证书，不能说明或体现学生在将来社会实践活动中的创新能力强弱。获得文凭和学位只是社会对人才要求的一部分。作为人才，关键是要有真才实学。大学生在大学里学到的理论文化知识，是否理解、领会了，大学生能不能为人民服务、为社会服务，都需要通过社会实践去检验。因此实践环节的加强是有力促进大学生创业与科技创新的重要手段。实践这块"试金石"可以验证学生对所学知识是否理解、领会、掌握，同时也可以检验大学实践创新教育的水平，所传授的创新理念、创新方式是否适合经济的发展和是否有益于创新实践的发展。

第三节　实践创新促进教学评价改革

随着高校创新创业教育工作的发展，本科实践教学的学时比重增大、课堂教学方式不断更新，丰富了高校教育的内涵。由于高校实践教学的评价机制建设工作的开展相对较晚，有些课程体系一直还依存于相关理论教学评价，没有真正有效发挥作用。

一、本科实践教学评价体系现存问题

新时代对高等教育质量提出了更高的要求。然而，当前部分高校的本科实践教学评价体系一般还是由教学态度、教学内容、教学方法、教学效果等要素组成一级评价指标，与课堂理论教学的评价因素如出一辙，而这种评价体系的评价结果未能体现当前实践教学的特点。

(一) 欠缺实践创新教育教学目标

本科实践创新教育教学过程较注重培养学生发现问题、分析问题和解决问题的能力，而当前高校的实践教学评价体系并没有以此目标为核心进行设计。该目标的缺失使评价结果缺乏创新灵魂、很多结论流于理论形式，严重影响了实践创新教学的发展方向。

(二) 未能充分反映实践创新教育教学全过程

从当前高校实践创新教育教学过程来看，实践创新教学工作除了指导教师外，还需要学校、相关企业等与学生产生互动。就目前的实践教学评价体系来看，教学过程仅体现了指导教师与学生间的教与学的关系，教学评价相对简单、片面，且实践教学的评价体系很少关注学生个体人文精神及综合素养层面的变

化。对学生个体的学习能力、个性品质、价值观等有何影响等问题，当前的评价体系并未涉列，更谈不上将这些方面纳入评价指标因素中。

(三) 评价体系未能突显实践教学与创新创业教育的关系

随着各高校拔尖创新分级分类人才培养体系的实施，创新创业人才培养目标更加突显。当前，本科实践创新教学工作更加关注现实生活，教育教学工作与产、学、研、创等不同领域的联系更加紧密。产、学、研是一个严谨的学习过程，学生需要走进真实世界，学习环境要贴近现实，从现实环境中获得学习体验。当前的实践教学评价体系未能突显实践教学与实际生活的有效关联性，即教育教学实践项目与学生所学专业的吻合程度，实践内容与科学研究、生产、创新创业的结合程度，实践教学与社会服务的关系等均未得到充分体现。

二、教育实践创新教学工作中自然式探究评价的探索应用

实践教学评价体系一直受到课堂理论教学评价研究的关联影响，在评价中很少被单独探究应用。在评价因素指标设计方面，缺乏较扎实的理论基础支撑。自然式探究(naturalistic inquiry)评价模式是建立在现象学、解释学、日常语言分析哲学、符号互动论等基础上的，并建构出新的、完整的知识体系，注重知识的吸收、理解、内化和记忆。

(一) 评价主要特征

评价主要特征主要体现在如下七个方面。

(1) 注重自然情境的研究，而不是通过人为方式操纵变数来形成所要检验的情境。

(2) 注重定性的研究方法，而不是量化的方法。

(3) 注重从事实归纳中获取理论，而不是由理论演绎假设，再由实践加以证实。

(4) 注重个案分析，而不是大范围调查。

(5) 注重缄默的或不言而喻的知识，如直觉、感受等，而不只是用语言呈现的命题的知识。

(6) 研究设计是逐渐形成的，下一步骤基于前一步骤的发现，而不是事先预定的每一步骤。

(7) 研究者要成为研究情境中的一分子，以便产生移情效应，而不是与研究情境保持一定距离，以便处于客观地位。

(二) 评价过程强调的内容

自然式探究评价模式在评价过程中主要强调以下三个方面。

(1) 推崇整体研究，该评价模式认为社会现实是多元的，教育实践创新行动是由多种因素共同促成的，教学特定背景也是其中的因素，这些因素所体现的作用应该得到重视。

(2) 该模式强调评价过程与结果的有机辩证统一，既注重评价研究主客体间的相互作用，又不忽视目标结果的价值所在。

(3) 该模式非常注重共性与个性的统一，结果既强调归纳的作用，又注重个案分析。自然式探究评价理论体系具有综合性特点，集合了六种常用评价模式，包括目的评价、目的游离评价、CIPP 评价、外观评价、差距评价、CSE 评价。聚焦六种评价模式的优点、以自然式探究评价作为理论指导、完善实践创新教学评价机制，能有效推动实践创新教育的改革和发展。

(三) 本科实践创新教育教学的评价客体

当前高校在开展本科实践创新教育教学评价时，首先要明确本科实践创新教学的评价客体，如指导教师或实践项目。当前各高校操作的实践创新评价指标，更注重对指导教师的评价。根据自然式探究评价的"整体研究"观点，实践创新项目更应该成为研究客体。实践创新项目涉及指导教师、学校、学生、企业等多方面。首先，对于授课教师而言，实践创新活动的顺利开展需经过活动的前期准备、活动的实施指导、活动后期所取得的成果展现等多个环节，涉及的学生较多，需要多位相同专业教师集中讨论，以共同的智慧共同设计、合力完成活动。如果实践创新活动仅对授课教师个体进行评价，则无法全面反映实践创新活动的全面工作业绩及整个教师团队的绩效。教育实践创新活动中，学生是实践创新活动的主体，实践创新项目的绩效与学生有着密切的关系。实践教学评价中，学生具有双重身份，既是活动评价的主体，同时又是评价对象，可以对学生个体的实践创新活动水平做出判断。对高校本身而言，高校在政策及物力方面对学生开展实践创新活动是否给予及时的支持以及支持力度如何，关系到实践创新活动项目能否顺利开展。在当前的创新创业教育大环境中，实践创新教学工作非常重视校企合作，实现产、学、研的有机结合。评价体系同时也要考虑到训练基地的建设，训练基地对实践创新活动的开展也具有非常重要的影响。

(四) 实践创新活动的教学评价过程及目标

当前各高校非常重视人才培养质量内涵式的提升，自然式探究评价起到了重要的作用。该评价过程非常重视主客体间的相互关系。自然式探究综合评价时，以需求及贡献率为共同因素，将学生个体、学校本身、企业、政府等多因素统筹考虑，这种评价结果对于实践创新活动教学的评价及指标设计具有较重要的参考价值。实践创新活动教学评价体系中，学生个体是评价主体，实践活动项目是评价客体，评价过程中评价元素由学生、指导教师、学校、企业等多种元素构成。学生个体具有双重身份，既是评价主体，对实践创新活动项目整体做出客观的综合判断；又是评价客体，对在活动中自身的活动表现做出评价。评价体系中，学生的双重身份有着重要的核心价值。实践创新教学活动评价主要以学生为中心，反映学生在活动中与其他参与者交互作用的动态过程。各参与者之间通过"活动效益"产生了联系。所谓的"活动效益"源自活动价值追求。作为新型的教育实践创新方式，创新创业教育以培养"应用型、创业型、创新型"人才为导向，通过活动增强学生的主体创新精神、创业意识，提升个体创新创业能力。相关的参与者扮演的角色、职能不同，但终极目标是一致的，教学评价过程及目标如图 3-1 所示。

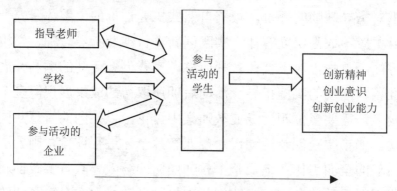

图3-1　教学评价过程及目标

三、实践创新教学活动评价指标的设计内涵

(一) 评价体系的多维度评价

从概念角度理解，多维度评价是指实践创新教学活动的评价指标。多维度

评价不仅反映指导教师的实践创新教学活动的执行情况，而且会将项目在执行过程中是否成功、准备是否充分、安排是否合理、指导是否恰当、学生是否满意等内容完整和客观地呈现出来。该模式的多维度评价有以下两层含义。

(1) 多维度评价是实践创新活动主体性评价。多维度评价对象指向参与实践项目的所有相关者，包括指导教师、学校、企业等。实践创新活动的教学评价指标包括基础、设计、实施、效果四个方面。对实践创新活动教学基础部分的评价是指对实践创新活动教学大环境的总体评价，即教学环境是否合适、环境是否满足学生实训需求等，评价相应的活动主体是学校与企业。实践创新活动教学设计的评价侧重于二级学院专业团队对实践创新活动教学内容的安排及总体策划情况。实践创新活动教学实施的评价侧重于指导教师对实践计划的具体执行过程。实践创新活动教学效果的评价则侧重于学生通过活动所取得的效果。

(2) 多维度评价涉及元认知层面。学生要对活动过程的表现进行自我测评，对自己通过实践创新活动锻炼是否获得了相关的新知识、新技能，活动中哪些方面取得了进步等做出客观评价。学生的自我认知、实践活动期待等有可能对评价结果造成影响的因素都会被纳入评价研究，并被实施归因分析。通过多维度评价，运用评价数据统计并分析各评价指标之间的相关关系，获取学生对学习环境、学院团队、教师指导及自我表现的评价等关联信息，进一步了解学生对实践活动的各教学阶段、各主体的满意程度，分析判断导致活动不足的原因，从分析结果掌握学生的心理状态及学习需求，从而为下一阶段的实践活动作准备，进一步完善实践教学计划，改善实践活动条件，以提高学生参与学习的热情。

(二) 实践创新活动评价各阶段辩证统一

在实践创新教学活动中，实践活动效果是评价的重点。活动是否达到预期的实践效果，依赖对实践创新教学活动的基础、设计、实施三个阶段的活动主体的支持程度。实践创新教学活动，为学生的实践创新活动创设了外部条件，并提供了所需的硬件、软件服务，推动实践创新活动顺利开展。作为实践创新活动的主角，学生自身成了实践活动项目能否取得成功的内在原因。实践创新活动能否达到预设的效果，主要取决于学生本身，故学生的良好的求学态度和克服困难的毅力显得格外重要。如果外部条件较好，但学生学习积极性不高，那么实践创新活动效果是不可能理想的。评价体系中各环节需要进行独立评价。

实践创新活动效果的好坏由多种因素构成，当实践效果不尽如人意时，不能一概否定其他。因此，评价指标设计要综合考虑各方面因素，加设学生个体自我评价，要求学生个体对自己的学习态度进行评价，并通过数据收集、分析、诊断等形成活动综合报告，以指导和完善实践教学，推动各活动主体朝着实践效果最大化的方向努力。

(三) 评价方式采取普遍性和针对性相结合

评价以普遍性与针对性相结合为总原则。评价指标的选择应从哲学视角进行辩证分析，分析指标的个性差异的同时抽象概括它们共性的过程和要素，使评价指标既有统一性，又有灵活性。

实践创新教学活动的普遍性主要体现在教育目标、教学模式及活动主体上。每项实践创新活动的教育目标都是相似或相同的，实践创新活动主要培养学生的创新思维、创业素质和实操能力。活动的教学模式也趋于一致，主要通过协同育人平台开展产教融合、科教结合教学，以加强学生的实践创新锻炼，提升学生个体实践能力。实践创新活动参与者范围也相对稳定。

实践创新教学活动评价的针对性主要体现在实践活动形式多种多样，如生产实习、课程设计、毕业实习、社会调查等，而每种活动形式都有自己的属性，因此设计评价指标时要充分考虑各类实践活动的各个活动环节特征。评价方式上，在采取量化标准的同时引入质性评价。所谓质性评价，是指在不限定评价指标的情况下，评价主体针对各阶段活动的开展状况以文字描述方式提出活动的优点与不足。描述性文字与量化标准相结合，形成实践创新活动项目的诊断性报告，使评价更客观，有利于真正实现通过评价来促进提高实践创新活动的效果。

第四章 创新教育与科技创业的拓展途径

创新教育在教育教学工作中着重培养学生个体的自学、探索与实践精神，在实施过程中强调奠定学生坚实的理论基础、创新的理念与拓展思维，同时培养学生个体的进取心、事业心以及探索精神，使其在创新工作中具有独立工作的能力。通过开展创新教育活动，拓展科技创业新途径，可以为一些学生以后的创业之路奠定基础，在最大程度上发挥学生的自身价值。

第一节 创新教育与科技创业优化拓展分析

近几年，高校自身的价值在现代科技革命和知识经济条件下尤为突出。大学生科技创新教育和创新实践活动日益得到国家的重视，须在以下几个方面加以拓展。

一、优化政策环境

优化实践创新教育政策环境即拓展政策环境。所谓政策环境，就是指有利于创业活动的相关法规和政策。在这个问题上，应该说我国有利于创新创业的政策环境越来越好。例如，党的十六届三中全会通过的《中共中央关于完善社会主义市场经济体制若干问题的决定》，对进一步巩固和发展公有制经济、完善社会主义市场体系、规范市场秩序等，都做了明文规定。针对大学生近几年来就业所遇到的问题，国家出台了多项优惠政策。各省市地方也为大学生和高科技人才出台了很多有利于创新创业的地方政策。这几年大学生在创业过程中遇到了不少困难，很多大学生创业也以失败告终，原因在于科技创新创业本身具有特殊性，带有首创成分，都是以承担风险开始的。要有好的政策支持创新创业项目，让创新创业项目相关活动顺利开展，项目才能发展，才能使创新成为一个国家及一个民族的灵魂。

二、优化市场环境

优化社会主义市场环境就是指形成有利于创新创业的市场条件，对创新创业尤为重要。随着社会主义市场经济体制的不断发展，中国式现代化成了我国的发展主轴，创新成为当前发展的灵魂，我国的社会主义市场经济也为每个劳动者提供了创业的市场条件。随着国际大环境的风云变化，营造创新创业好氛围和开创科技创业新局面，可以为创新创业者和科技创业者创造更多市场机遇。针对当前高校学生个体的创业方面优化市场环境时，不仅需要具备创业环境，而且需要为大学生创新创业能力的发挥建立一个较好的系统的实践机制，提供创新实践机会和平台。从创造环境、实践创新等方面为大学生开展科技创新活动营造条件。根据创新创业发展机制的需要，要为大学生开辟适当规模的大学科技园区和科技实践场地，添置创新创业的专业实践设施。

近年高校办学规模的逐年扩大，高校的经费投入主要用于基础设施建设，对创新创业的创造性设计所需设备、实践基地、实习基地的投入相对不足，现有设施与现代企业要求的、培养学生实践创新能力所需的硬体环境有着较大差距。面对日益激烈的人才竞争和日益严峻的就业形势，高校必须以对专业技术、创新技能的需求为导向，加大投入必要的科技创新资金和设备。大学生进行科技创新活动必须要有一定的实践环境、设备和经费，高校应创造各种条件为大学生提供必要的支持，否则大学生的科技创新活动将会难以开展，成无本之木。

三、优化高校创新舆论环境

要进一步优化高校创新舆论环境，培育学生创新创业主体意识，并拓展社会舆论创新环境，营造社会重视创新创业的舆论氛围。随着我国创新驱动发展战略的实施，市场创新机制不断完善和成熟，加上社会创新舆论氛围浓厚，人们对创新创业的观念较以前有了很大的转变。支持创新、弘扬创业的社会氛围已经形成。高校作为培养创新人才的主体，强化和培养大学生创新创业的意识显得很重要。在学生学习或专业技能培养过程中，要引导学生更新观念，树立正确的创业观。要通过科学的就业、创业指导，使大学生改变过去的传统"就业观"，也要改变只有自己当老板才是创业的片面的"创业观"，使学生树立通过自己创业能力的培养，在任何岗位上都可以主动地创新及创业，实现自己的人生价值的坚定信念。更重要的是，让学生个体正确理解创业。在工作岗位上开拓进取、建功立业也是创业，推动当地经济社会的发展和进步更是创业。在工作岗位上发挥自己聪明才智、开拓创新、有所作为、有所贡献都是创业，这就是创新创业的大创业观。同时要提高大学生创新和创业的实践能力。在学习过程中，如果大学生自身没有主动参与创新创业活动，那么纵有最好的条件也很难达到理想的效果。

要加强高校学生就业机制的建设，拓展人才市场对实践创新人才的需求，引导大学生认清形势，确立适应当前中国式现代化的社会主义经济建设需要的成才目标，努力调整学生本身的知识结构，提高所修学科专业知识与实际社会情况相结合的协同能力以及同其他学科相结合的跨学科、跨界的转化能力，鼓励学生个体向实践创新人才方向发展。在教育教学过程中让大学生明确知识、能力、素质之间的关系，让大学生认识到：只有自己将所学的理论知识在实践中运用，才能使课堂教学所获得的理论知识内化为自己的能力、素质，并外化为自己的创新行为、成果，而且只有亲身实践，才能使学生本人增长见识，提高实践创新能力。鼓励大学生在在校学习期间积极参加各种集体活动、科研活动、社会实践等，积极锻炼自己的各种实践创新能力。

四、优化科学的创新环境

学生在发挥创造力的实践过程中，受到客观条件、社会环境、校风学风的影响和约束。高校在建构创新培养方案体系方面，要加强大学生创新思维和创新能力的培养。现时的社会经济状况、政治氛围、民族传统文化、社会生产力发展水平以及学生个体的思维方式，都是约束大学生创造精神和创造能力形成和发挥的重要因素。高校的培养目标、办学模式、校园文化的主旋律、学风取向，都是最直接影响大学生成长为具有创新精神和创新能力人才的重要环境因素。优化高校的创新能力教育教学体系，才能激发大学生科技创新的热情和潜能，高质量地培养科技创新人才。

第二节　教育实践创新与科技创业的业务拓展

从教育实践创新和科技创业的业务拓展出发，拓展大学生实践能力的目标体系，促进大学生实践能力的培养，需要高校教学管理部门、教学单位、科研部门及广大教师共同参与，构建科学的创新人才培养体系。在教学过程中，应将实践创新能力的培养作为提高学生综合素质的重要途径。

一、实践创新与科技创业的培育过程

随着高校不断深化本科教育教学改革，教学与科研相结合的研究型教育模式成为目前高校培养拔尖创新型人才的基本途径。高校的创新教育并不是一个独立的教育过程，而是高校整个人才培养模式的重要有机组成部分。

高校开展创新教育不仅要进行创新素质的培养，同时还需重视人才培养模式中其他教育内容的培育，包括文化素质教育、学科基础教育、专业教育和教育实践创新环节等，这些教育内容在教学过程中互相协同，学科交叉渗透，相互促进，旨在培养具有创新精神和实践能力的科技创新专门人才。在教育实践创新教学工作中，充分利用五性原则，即教学激励性原则、教学协同性原则、教师主体性原则、开发性原则、个性化原则，并建立以发展学生的一般创造力、专业创造力和创新品格为基本内容的创新能力培养体系。高校创新人才培养体系要达到培养学生创新能力的目的，需将科技实践创新教育贯穿高校教育教学工作的全过程。创新创业类课程采取全校性选修课程和各教学单位自设选修课、必修课相结合的方式。通过开设创造学和创业指导等课程，让学生在学校接受较系统的创造性思维原理及创新技法等方面的理论知识。在教育教学管理方面，把大学生创新能力的培养教育纳入高校教育教学目标中，同时将学生创新精神和创新能力的培养作为高校教学工作评价的一个重要方面纳入评价体系并作为衡量教育教学工作绩效的一个重要指标；把科技创新教育纳入学生个体综合培养方案，建立科技创新教育培养体系，并充分发挥课堂实践创新教育的主体教育作用，将科技实践创新教育贯穿于人才培养体系的全过程。

从教育实践创新与科技创业的关系来看，二者的关系紧密。科技创新教育与专业教育的紧密结合，利于科技创新教育贯穿于专业教育的始终，这个过程自然会重视对大学生进行专业素养和科技创新精神并重的教育。在科技创新教学过程中，需要将专业教育和科技创新教育融为一体，以增强学生获取知识的能力、研究问题的能力和创新实践能力。课程体系方面要增加必要的激发创新意识、提高创业技能的课程，创设相关的教学环境，让学生选修符合其个性特长的课程。在其他传统的课程教学中应努力渗透创业教育的思想。

从教育实践创新与科技创业的业务拓展来看，拓展大学生实践能力的目标体系，促进大学生实践能力的培养，需要高校教学管理部门、教学单位、科研部门及广大教师的共同参与。在教学指导思想上，要把实践创新能力的培养作为提高学生综合素质的重要途径。在教育教学实践工作方面，要将大学生实践能力的培养作为教学计划不可分割的重要组成部分，为培养大学生的实践能力创造一个良好的环境。

从教学改革方面来看，高校应根据当前国际大环境变化、市场经济变化的情况，对科技实践创新教学工作开展深入的调查研究，结合高校自身的专业设置情况，制定科学的、细致的、符合市场需要的、操作性强的、具前瞻性的和具体的大学生实践能力培养目标。结合培养目标，深化高校的本科教学改革，在教学改革方面不断探讨社会主义市场经济环境下提高学生个体实践能力的途径，进一步探索教学、生产、研究相结合的培育创新能力人才的途径。在建立全新的、科学的评价机制基础上，完善高校的各种教学管理规章制度。

从社会层面来看，要建立大学生科技实践创新专项基金，支持和奖励从事科技实践创新活动的学生，使大学生的科技实践创新活动得到经济方面的保证，鼓励学生参与各项科技实践创新活动。

从机制赛制建设方面来看，高校应建立系统的科技实践创新竞赛机制和竞赛方式，系统地、有组织地开展学生课外科技实践创新活动。在组织系统培训的基础上，高校通过各种科技实践创新的竞赛活动，通过传、帮、带、促，培养和发现一批拔尖创新人才。针对所发现人才和各年级学生的特点，高校需建立符合学生特点的科技实践创新活动和目标培养体系。该体系能激发学生的科技创新欲望，并培养学生的创新精神和创新意识，特别是通过该体系的培育来增强学生对产品开发及专利申请的意识、开发学生个体的创新思维和创造潜能，并完善科技创新培训目标。

另外，高校应创设科技实践创新创业教育有关内容的体验。科技实践创新创业教育有关内容的体验有助于提高学生个体的创业能力，因此显得格外重要。科技实践创新的体验可使学生个体能够获得创业的感性认知，成为学生科技实践创新创业教育成功的重要条件。据不完全统计，很大一部分企业家来自拥有企业的家庭，他们在成长过程中，能够获得感性认识和创业的意识。高校可以利用假期开展社会实践，让学生个体进一步了解社会、了解市场经济、了解社会环境的特点，促使学生能够热爱工作、勇于实践，使教学、实践、思想教育形成有机的统一，利于学生科学素质和实践能力的提高。

培养学生的科技实践创新思维，拓展学生的科技创新能力和相关业务能力，是一项复杂的、系统性的工作。高校需将培养大学生创新实践能力的思想贯穿在整个教育的过程中，使高校的教学、科研等各项工作都为这一培养目标服务。在培育过程中，根据市场经济运行的情况进行信息反馈，及时对学生培养目标进行修正、补充和完善。

二、拓展科技活动载体，搭建科技创新软环境

拓展科技活动载体，搭建科技实践创新的软环境，对科技实践创新活动非常重要。著名科学家钱学森曾指出，创造性思维往往是在不同学科知识和思维方式的相互交叉中产生的。大学生参与科技实践创新活动不仅仅是参与一场竞赛和一项活动，科技创新活动需要较强的逻辑思维和系统性思维。高校如果有着浓厚的创新学术氛围，将会带动更多的学生参加科技实践创新活动，让更多的高校学生发挥聪明才智，培育学生个体创新精神和创新能力。高校可将大学生课外学生科技作品竞赛、大学生创业计划竞赛、数学建模竞赛、程序设计竞赛、结构设计大赛、机械设计大赛、网站设计大赛、"互联网+"等大赛作为校园学科融合、学术交流的新平台。在此基础上，高校以科学精神和人文精神为核心，弘扬脚踏实地、自律自强的校园精神，营造良好的创新教育环境，对培养学生的创造性思维、创新意识和创新能力等方面产生积极的、潜移默化的作用。高校富有时代感和学科专业特色的学术活动、竞赛活动成为科技创新的多种载体，让学生在科技创新的氛围中，有机会从各种学术领域有选择地吸收知识，这样可以促进学生个体对新知识的追求和对新鲜事物的不断探索。

当前高校提出培育适应时代的拔尖创新型人才，要求学生有跨学科跨专业协同的思维体系和知识结构，而科技创新学术活动可以使学生在概念运用、研究方法、价值取得和判断准则等方面借鉴多种思维方法。科技实践活动可以依靠和发挥集体力量，让学生个体在集体智慧中受益。科技创新学术文化活动中，参加活动的人员包括不同学科、不同年龄、不同背景、不同个性的教授、研究人员和学生，他们在活动中随意交谈、辩论、相互合作，在这个过程中能够激发出新思想、

新观念。这种实践创新思想、创新观念在与别人的交流、辩论中得以更加系统性和完善化。这种环境载体不仅需体现学校教育教学的主导性，更重要的是体现以学生为中心的无拘无束的创新性氛围。这种氛围的内涵应该民主、自由、平等、和谐，要求管理科学、师生平等、教学相长。

高校开展丰富多彩的学术科技创新活动，倡导了学习之风、研究之风、创新之风和奋斗之风，营造了浓厚的学术科技创新氛围，为建立良好的科技创新软环境打下了坚实的基础。因此，要积极拓展大学生科技创新活动的载体，充分利用学校、社区、企业等多重社会资源，让学生个体在与社会，以及周围开放式、多元化的软环境互动中，坚持开展课外活动与专业学习相结合、科技教育与实践相结合、接受知识与传播、运用、创新知识相结合的多维方式，致力于提高科技创新素养综合水平，并通过多种形式的创业实践活动来传播科技创新的理念，使科技实践创新活动成为营造科技创新软环境的催化剂。

三、面对挑战自我激励和拓展

在教育实践创新活动中，师生要共同面对挑战，活动参与者的自我激励及思维拓展尤为重要。当前高校导师制是培养大学生实践创新能力的重要经验和途径，导师制有利于形成一个创新学术气氛浓厚的环境，给参加活动的学生创造了一个学术交流平台，并提供了科技创新、发明创造的机会。通过导师的传、帮、带，不仅能进一步巩固学生所学专业基础知识，拓宽知识面，了解本专业的发展前沿，增强学习积极性和能动性，而且能提高大学生的实际工作能力和科研创新能力。作为一个老师又是导师，在思维活跃的学生面前更会激发出巨大的知识能量、创新性思维、人格魅力，在活动中师生共同面对挑战，过程中互相激励，成为所谓 1+1>2 的关系。

导师制的关键在于必须建设一支德才兼备的师资队伍。这是导师制顺利实施的基础，也是教育教学质量获得提升的重要保证。在此基础上，按照教师与学生双向选择及学校适当调配相结合的原则，建立创新活动机制，调动教师与学生的积极性，确保每位学生有一名导师。导师在制定相关学习、工作计划和开展教学与科研的同时，建立相应的考核、奖罚制度，并以结果为目标，实行目标管理。在整个教学创新活动过程中，要明确导师与学生的主要职责，让导师制不折不扣落到实处。

四、拓展科技创新教育和实践的方式

当前高校大学生参与专业创新实践的方式有限，教育方式主要通过实验验证来增加学生对理论知识的理解及认识的方式，通过撰写毕业论文对所学专业知识进行综合理解，并通过假期的社会实践来了解社会，体会所学专业知识的重要作用。学生也可通过课题设计来灵活运用专业知识，并通过创新实践活动对专业知识进行创造性探索，通过参与导师项目来体会不同理论、不同专业的科技创新技术在同一个项目中的综合运用。上述活动都是增强大学生专业实践能力的有效方式。

大学生创造能力培养的途径，主要落实到教育实践创新教育内容、实现创新教育的渠道和方式上。随着高校教育实践创新体系的建立，现在有较多的科技创新培训、科技创新活动成为当前科技发展的重要组成部分，加强科技实践创新能力培养变得尤为重要。在高校教育教学过程中，不断深化新时代本科教育教学改革，教师在教学中有创造性地教，学生在学习中有创造性地学，让学生逐步成为自我开发创造的主体。鼓励教师在教育教学过程中因材施教，发展学生主体个性，鼓励学生扬长避短，充分发挥学生特长，逐步形成各具特色、风格各异的科技创新素质，并在创新实践中表现出一定的创新才能。

教育实践创新教育也要突破传统的应试教育和狭窄的专业教育，应从相对封闭模式转向具有创新性思维的开放性教育模式。师资队伍培养建设方面，要培养开展创新教育的骨干教师队伍。高校通过各种培训活动，如组织学习、学术交流等，在高校教师树立创新教育观的基础上，逐步提高他们开展创新教育的自觉性和适应能力，不断提高教师从教和创新的水平。高校也要重视创新实践训练基地的建设，丰富教师的创业经验、创业知识、创业技能。

拓展科技实践创新活动和业务的同时，也要加强创新实践活动相关的学生社团建设工作。学生社团具有联系广、凝聚力强、理论与实践结合紧密的特点，对提高大学生实践能力发挥着重要的作用。当前的学术性社团，能够紧紧围绕学生的专业学习，广泛开展创新学术研究和创新性学术交流，具有较强的针对性和实践性，能开阔学生视野、扩大知识面、巩固和加深课堂教学内容，利于提高学生分析问题、解决问题和理论联系实际的能力。

<table>
<tr><td>第五章</td><td>教育实践协同创新
促进学生技能的提升</td></tr>
</table>

时代的发展要求高校为社会不断培养高素质的专业应用人才。教育实践创新与日常教学工作有着紧密的相互促进作用。通过分析教育实践对教育工作的重要性来加强教育实践创新教学管理工作，能提高大学生的创新技能。特别是加强教育实践创新教学工作，对提高大学生专业素养水平、构建科学的实践教学体系有着重要的影响。

有效的教育实践创新教育教学工作，是培养大学生创新技能思维的重要途径，也是大学生专业实践能力及创新能力提升的重要保障。随着高校教学改革工作的不断深入，教育实践创新教学工作有了显著的进步，但也有少数高等学校仍对实践教育教学工作不够重视，重理论教学轻教育实践创新教学的现象依然存在，主要体现在所投入的实践教育教学经费严重不足、相关专业的实践教育教学工作师资队伍非常薄弱、实践教育教学各环节缺乏系统性和科学性，从而严重制约了专业实践教育教学工作水平的发展和大学生创新技能的发挥。高校教育实践创新教学工作的加强，须重视实践教育教学工作的基础建设，以利于调动教师的积极性和大学生的能动性、激发大学生的创新思维及提高大学生思考问题和解决问题的能力。

第一节　学生协同创新技能培养的调查与分析

大学生协同创新能力是在工作及生活中解决实际问题时所需具备的生理

和心理素质的重要条件。它要求学生将创新资源和有关要素进行有效整合，突破有关障碍，充分释放事物间"智慧、信息、价值、技能"等具有创新活力的因子，与现实生活有效整合。创新是社会生活习得和具体社会实践活动进行磨合的一种思维体现。具体评价方面，难以用一种简单的手段或几道试题衡量大学生的协同创新能力水平，只能通过创新实践活动中表现的行为或效果去评判。学生个体所具有的协同创新能力标志着该生在现实生活或有关事业成就方面具备的素质。个体协同创新能力培养是大学教育教学改革工作中不可缺少的重要一环，在教育教学改革工作中突出了实践性、创新性、思维性、综合性、发展性、研究性及特有的重点性等多方面特征，在实际生活中主要突出了思想性、专业技能、技术性。协同创新能力的培养是衡量学校教学工作能力的重要指标，决定了高校未来教育教学工作生存及发展的水平。随着高校教育教学改革工作的不断深入和发展，高校学生个体协同创新能力的培养对高校的大学课程改革及实践提出了更高的要求。

当前国家启动了协同创新的教育计划。该计划的落实使我国高校的教育教学改革再次成为教育界及社会关心的话题。社会要求的不断提高以及国家新计划的落实，对高校教育教学特别是对学生协同创新能力的培养提出了更高的要求。深圳高校作为特区的大学，对学生的培养目标也有更高的要求。深圳高校在教育教学工作中必须在培养学生协同创新能力方面给予重视，重新审视本校的有关学生协同创新能力的培养方式，在教学工作中以就业为导向，以学生全面发展为中心，以促进教师专业化发展为目标，以开发学生实践能力及思维性知识体系为重要手段，重点培养学生的综合能力、专业技能创新能力和协同社会各项有效资源的能力，并在重实践的基础上，进一步培养学生的思考能力和综合素质，实现协同创新能力的提高。

一、相关调查数据结果与有效分析

为深入了解深圳高校学生协同创新能力的状况和存在的不足，笔者特编制了有关调查性问卷，对包括深圳大学、深圳职业技术学院、深圳信息学院等三所高校，共计 800 位学生进行了问卷调查。同时，据此提出适应当前深圳高校教育教学改革发展中有关学生协同创新能力培养的思路和方法，以进一步促进深圳高校教师的专业化发展。

关于学生对协同创新能力的了解的调查结果如表 5-1 所示。

表5-1　学生对协同创新能力的了解

顺序	理解度	%
1	很理解	10%
2	比较理解	26%
3	不太理解	46%
4	不理解	18%

调查结果显示，有 10%的大学生选择很理解，26%的大学生选择比较理解，46%的大学生选择不太理解，18%的大学生选择不理解。从上述调查数据可看出，深圳高校的大学生对协同创新能力有一定的理解，但理解程度有限。

协同创新能力的内涵较为丰富和抽象，高校教学工作对教师专业化的要求更高。大学教师须具备创新意识和创新技能的潜质，同时也需要有较强的专业精神，并有能力融入学生的学习和生活中。在高校师资队伍中，教师专业意识、职业能力已经成为创业创新的主要因素。高校的学生处于专业技能的培养期，在大学生活中已经对协同创新能力有一定的意识，大学生对高等学校教师的专业化有较强的期待或认同，这样会进一步促进教师专业的有效发展。

关于学生对高校教师专业发展的期许的调查结果如表 5-2 所示。

表5-2　学生对高校教师专业发展的期许

顺序	期许内容	%
1	不断提高创新思维、创新思路，加强实践能力，培养协同创新能力	73%
2	胜任教育教学工作，提高学生成绩	10%
3	教师个人职称提升	5%
4	没有什么想法	12%

表 5-2 表明，73%的大学生对教师专业化的期许为不断提高创新思维、创新思路，加强实践能力，培养学生的协同创新能力。10%的大学生认为教师专业化就是能胜任教育教学任务，提高学生的成绩。5%的大学生认为教师专业化发展就是为了提升教师个人职称。上述数据表明，大多数学生对教师在专业发展中具备创新思维、创新思路，加强实践能力，培养协同能力的期许较高。仅12%的大学生对教师专业发展激励动因没有任何想法。

关于深圳高校对大学生协同创新能力培养的支持度的调查结果如表 5-3 所示。

表5-3　高校对大学生协同创新能力培养的支持度

顺序	支持度	%
1	非常支持	15%
2	比较支持	53%
3	一般	26%
4	不太支持	6%
5	不支持	0%

关于深圳高校当前的大学生协同创新能力的培养制度建设情况的调查结果如表 5-4 所示。

表5-4　高校当前的大学生协同创新能力的培养制度建设情况

顺序	建设情况	%
1	内容空洞，缺乏制度支持及可操作性	11%
2	有些内容空洞，有制度支持且具有一定操作性	45%
3	内容充实，有制度支持且具有现实操作性	44%
4	没主意	0%

表 5-3 和表 5-4 表明，深圳高校对大学生的协同创新能力的培养，分别有 15%和53%的大学生选择非常支持和比较支持；并且在培养大学生协同创新能力方面，学习内容有制度上的支撑且具有可操作性。

关于深圳高校对大学生协同创新能力的考核方式的调查结果如表 5-5 所示。

表5-5　深圳高校对大学生协同创新能力的考核方式

顺序	考核方式	%
1	考卷方式	8%
2	操作方式	25%
3	考试与实践操作相结合	62%
4	论文方式	5%
5	其他方式	0%

深圳高校对学生协同创新能力的考核形式有多种，其中排第一位的是考试与实践操作相结合的方式，达到62%，操作考核方式占25%，这些数据表明深圳高校对学生创新技能的考核方式存在一定问题。笔者认为，主要原因是学校目前的培养方案中，仍注重课堂教育教学。在实践考核中的实操方面，当前各高校大部分学生在操作上仍会遇到很多困难，且鉴于当前的教育资源，仍难以完全解决。当前高校学生的个体创新技能考核成绩合格率很高，但这不能真实反映学生个体具有创新的主观意识水平。表5-6显示，深圳高校学生对于协同创新能力的培养方式认识不够深刻，特别是在实践能力意识方面，培养协同创新独立思维的意识有待提高。

关于当前深圳高校学生协同创新技能实践方式的调查结果如表5-6所示。

表5-6　当前深圳高校学生协同创新技能实践方式

顺序	实践方式	%
1	通过相关公司实践	83%
2	通过模拟课堂模拟性实践	10%
3	自找办法	5%
4	其他	2%

由表5-6可知，83%的学生认为当前比较常见的创新协同教育实践方式是学校组织的公司实践，认为其他实践方式可行的学生仅占少数，其中包括模拟课堂模拟性实践方式及自找办法，分别占10%和5%。由表5-6的第4项可知，深圳高校学生中，对于提高协同创新技能，只有极少数学生有自己的思路或方法。这些数据表明，深圳高校的大学生在培养协同创新技能实践的方式上认识不够。

关于深圳高校协同创新能力的实践形式的调查结果如表5-7所示。

表5-7　深圳高校协同创新能力的实践形式

顺序	实践形式	%
1	学生个体自由实践	0%
2	通过实习的岗位实践	9%
3	以实践小组形式学习，由实践教师进行指导	65%
4	以自由时间参加实践，并有目的、有意识、有组织地进行实践	22%
5	其他形式	4%

关于协同创新能力实践最有效的周期的调查结果如表 5-8 所示。

表5-8　协同创新能力实践最有效的周期

顺序	周期	%
1	1~2 周	6%
2	3~5 周	7%
3	7~8 周	37%
4	9 周	50%

关于深圳高校当前协同创新能力实践时间安排的调查结果如表 5-9 所示。

表5-9　深圳高校当前协同创新能力实践时间安排

顺序	安排时间	%
1	大一学生	0%
2	大二学生	0%
3	大三第一学期	1%
4	大三第二学期	27%
5	大四第一学期	72%

由表 5-7 可知，深圳高校的协同创新技能的实践形式中，以实践小组形式学习，由实践教师进行指导为主要形式，这种培养方式的缺点是操作方式缺乏应变性。以自由时间参加实践，指引学生有目的、有意识地进行实践培养的缺点是上课形式分散，难于集中。对高校来讲，在培养操作方式上，具有压抑性和学生个体不严肃性的特点。

美国建立了较常态化的学制来培养学生的实践创新能力。学生在实践创新能力培养上的学习时间占总学时的 12%。在制定培养计划时，对学生的协同创新能力的培养学时必须做明确的规定，规定时间为一年。日本也非常重视学生的创新能力的培养。日本规定学生接受创新能力培养的时间为 19 周，由专门的一线教师参与辅导。表 5-8 所示的数据表明，50%的学生认为至少需要 9 周才能完成协同创新能力实践的学习内容。由表 5-9 可知，深圳高校当前对学生协同创新能力培养的实践时间基本安排在大学三年级第二学期和大学四年级第一学期。其中 27%的受访学生所在的高校安排在大学三年级第二学期，72%的受访学生所在高校安排在大学四年级第一学期。

关于协同创新技能班级管理课程开设情况的调查结果如表 5-10 所示。

表5-10 协同创新技能班级管理课程开设情况

顺序	开设情况	%
1	开设	76%
2	未开设	24%

对学校对协同创新实践工作技能所开设课程的重视度的调查结果如表 5-11 所示。

表5-11 学校对协同创新实践工作技能所开设课程的重视度

顺序	重视度	%
1	非常重视	12%
2	比较重视	37%
3	一般	33%
4	不太重视	18%
5	不重视	0%

深圳高校针对学生协同创新能力培养所开设的课程，基本涉及技能应有的课程。由表 5-10 可知，其中有 76% 的深圳高校开设了相关课程。由表 5-11 可知，对于学校对协同创新能力相关课程的重视情况，大部分深圳高校学生都认为学校对所开设课程比较重视或重视度一般，这些学校大都开设了协同创新班级管理课程，但对相关课程的重视度有待提高。

关于日常所设置的协同创新技能课程参与训练的频率的调查结果如表 5-12 所示。

表5-12 日常所设置的协同创新技能课程参与训练的频率

顺序	频率	%
1	总有	0%
2	经常有	72%
3	偶尔有	28%
4	未有	0%
5	其他方式	0%

关于培养学生协同创新技能的课程中授课的主要形式的调查结果如表5-13所示。

表5-13　培养学生协同创新技能的课程中授课的主要形式

顺序	授课形式	%
1	讲授法	25%
2	讨论法	4%
3	实践法	5%
4	教学与实践相结合	64%
5	其他形式	2%

关于当前深圳高校学生的协同创新实践技能理论对创新能力的作用的调查结果如表5-14所示。

表5-14　当前深圳高校学生的协同创新实践技能理论对创新能力的作用

顺序	作用	%
1	作用很大	4%
2	作用较大	43%
3	作用一般	38%
4	几乎没有	9%
5	没有作用	6%

从深圳高校学生的协同创新实践能力培养方面来看，由表5-12可知，其中有72%的学生回答当前所在学校开设有协同创新技能的有关课程，并参与了训练。同时有28%的学生偶尔参与这方面的训练，这值得教育部门注意。这说明了在培养深圳高校大学生的协同创新技能方面，特别是在专业建设方面，高校更注重专业知识理论部分的传授，而在实践技能方面，缺乏重视和指导。在教育教学方法方面，深圳高校多采用教学和实践相结合的形式，这种教学方法在访问调查的深圳高校学生中占64%，如表5-13所示。对开设的协同创新实践技能的理论课程对学生个体的创新能力所起的作用进行调查的结果是，认为作用很大的仅有很少一部分，只占4%；认为作用较大的占43%，相当一部分学生认为所起的作用一般、几乎没有；认为没有作用的占6%，如表5-14所示。

关于学生协同创新能力培养有关教学设计的主要影响因素的调查结果如表5-15所示。

表5-15　学生个体协同创新能力培养有关教学设计的主要影响因素

顺序	因素	%
1	学生	62%
2	教学内容本身	14%
3	联系社会与实践	23%
4	教材	1%
5	指导老师	0%

关于学生撰写协同创新实践技能相关研究的论文状况的调查结果如表5-16所示。

表5-16　学生撰写协同创新实践技能相关研究的论文状况

顺序	研究状况	%
1	总有	2%
2	经常	5%
3	有时	29%
4	没有或很少	64%

由调查结果可知，深圳高校学生对协同创新技能培养的教学设计认知度较高。如表5-15所示，有62%的学生认为学生是教育教学环节的主要影响因素，23%的学生认为联系社会与实践是主要影响因素，14%的学生认为教学内容本身是主要影响因素。如表5-16所示，在深圳高校学生协同创新技能学习实践过程中，学生协同创新实践技能相关理论知识有待提升。调查中问及"学生撰写协同创新实践技能相关研究的论文"状况时，有64%的学生很少撰写或没有撰写过研究性论文，有29%的学生有时撰写研究性论文，有5%的学生经常撰写研究性论文，认为自己在该领域有研究，总有撰写相关的研究性论文的仅占2%。这些数据表明当前深圳高校忽视了对大学生协同创新技能实践能力的培养和研究性指导。

二、调查分析总结

由以上的调查分析可知，深圳高校学生协同创新技能的培养力度有待加大。笔者认为，当前深圳高校学生协同创新技能实践能力培养存在着学校专业建设和学生个体认知两个方面的问题。

(一) 协同创新技能培养在学校专业建设方面的问题

(1) 深圳高校在培养学生协同创新能力的教育教学过程中，相关的协同创新技能理论知识和与之相应的实践技能训练，二者的比例未形成有机的统一。特别是教育资源紧张的情况下，学校过于注重理论知识的传授，忽视了学生协同创新实践能力的培养。

(2) 学校培养学生的协同创新实践能力的方式过于单一。

(3) 当前深圳高校协同创新实践方式缺乏制度的支撑，实践方式过于呆板，缺乏操作灵活性，相关的实践时间段安排不够合理。

(4) 有关协同创新实践能力的课程实施不到位，学校重视度不够高。

(5) 学校所开设的协同创新技能相关课程的实践性有待提高，同时学校对专业建设不够重视。当前的状况就是，培养方案与社会的实践教育尚未形成更有效的紧密关系，课堂教学与实践训练尚未建立起紧密的互动联系，导致教学效果不理想。

(6) 深圳高校当前对学生协同创新技能实践能力的考核尚未建立一套科学化、系统化、标准化的体系，在操作上不够严格，且缺乏规范的操作流程。

(二) 协同创新技能培养在学生个体认知方面的问题

(1) 学生在学习过程中，偏课堂理论的学习，对相关的协同创新技能的培养不够重视，对实践训练缺乏参与意识，缺乏主观积极性。

(2) 深圳高校当前尚未建立一种反思文化，学生缺乏对社会的理解，未能形成一种反思意识，导致对相关协同创新技能的学习过程未能进行完整、客观、系统的学习总结。

(3) 学生缺乏相关理论知识及指导教师的参与，在这方面的科研实践能力相当薄弱。

三、对调查结果的建议与对策

(一) 专业建设注重学生协同创新思维和意识

1. 专业建设应立足"层次化、全程化"

深圳高校在专业建设方面，应立足"层次化、全程化"，在教育教学过程中培养学生协同创新的思维和意识，同时制定利于学生协同创新技能提高的实践专业技能培养方案和开设相关课程。

深圳高校学生应树立协同创新的思维意识，专业建设方面着眼于深圳高校学生的创新技能、思维品质、鉴赏水平、反思意识等整体素质水平的提高，着重从创新和实践活动两个教学环节抓起，构建相关创新实践教育教学内容的科学设计和与之相应的教学资源的合理体系，真正构建将校内与校外、课堂与实践、实践与科研、整体与阶段、教师与教师、教师与学生、学生与学生等多方面结合在一起的学生协同创新技能培养体系，在每一位学生的整体学习过程中，能按计划多层次完成协同创新技能和实践能力的课程计划，并让学生能全程参与各种系统化的协同创新实践能力的专业技能训练活动，真正使学生协同创新思维能力得到全面的提高。

2. 加大协同创新技能专业建设力度

深圳高校应加大协同创新技能相关专业建设力度，探索培养创新型人才的课程改革，有效发挥相关课程在学生协同创新能力提升方面的作用，进一步促进教育教学质量。

当前高校都重视提高学生协同创新技能和实践能力。提高实践能力的教学主要包括理论教学和实践教学。深圳高校应从专业培养计划抓起，充分改革协同创新型人才课程结构体系、增设实践性课程。在专业培养体系中，要将学生协同创新技能的实践训练培养内容及有关训练要求纳入教育教学和考核中，让学校的教学工作对学生协同创新技能提升起到主要作用，并使课堂教学与实践教学实现有机的统一，进一步实现协同创新技能教学工作的有效性、紧密性、整体性和实用性。同时，深圳高校要坚持开放、集成、高效的外部协同创新机制，努力突破高校与其他创新主体的障碍和壁垒，改革以往的高校教育教学培养计划，探索新时期协同创新技能课程的改革和实践，进一步丰富课程和课程内容，拓展学生修读范围，促进学生的协同创新能力的提升。

具体措施如下。

(1) 加强实践教育教学课程和课时的有效管理，增设灵活多样的实践短课，适当调整课堂理论教学与实践教学的学分比例。

(2) 增设创新类课程，以提高学生的创新能力素养。

(3) 开设与协同创新能力有关的基础课程，如创新思维意识培养、创新技巧与训练等指导课程，让学生尽早了解协同创新能力的基础教育课程，熟悉协同创新能力的思维和意识。

3. 促进学生思维创新的转化

学生在校学习时会接受教师传授的思维和相关科学知识。学生接受的实践知识具有具体性、意境性、开创性和探究性等特点，学生只有通过自己亲身的实践和相关协同创新技能的实训，并在学生具有一定的反思意识的情况下才能获得创新性思维。实践性知识的提升利于学生就业，实践能力的强与弱，又决定于学生本人的协同创新能力水平。因此，深圳高校要将学生的协同创新技能知识和个体的反思意识，与相关的实践实训思维相互有机结合，通过多层次多方式培养，充分展现学生的个性思维，进一步强化学生的协同创新基本技能和实践能力，有效提高学生协同创新能力。

4. 拓展学生创新技能平台

高校在深化教育教学改革的同时，还应构建强化学生就业意识、提升学生实践能力的教学模式，建立学生创新技能培养的实习基地，增强学生就业竞争力。一要做到高校与企业合作，展开合作办学模式，建立适应企业发展的重点学科和专业。按照企业发展要求，实行按需培养的教学模式。学校在加强专业建设的同时，需聘请优秀企业的主要负责人参与专业建设的策划工作，共同制订人才培养目标，对开设的课程、教学质量开展年度评估，促进教学改革。二要建设合作型的实践基地，拓展学生创新技能平台。深圳高校不仅要与优秀企业建立合作型的实践基地，同时也要与国际、国内知名品牌院校建立稳定的紧密合作关系，例如，深圳大学与国内、国际多所院校实行学生培养交换制度，利用交换院校先进的学生培养实习基地来拓宽学生创新技能培养的渠道。

5. 强化学生反思意识的培养

高校在提升学生创新技能水平的同时，还应强化学生反思意识的培养。反思意识的培养主要通过实践教学环节实现。实践教学环节具有独立性、情境性、探究性等特点，不仅有利于学生提升自己的综合素养水平，还对学生实践能力的训练和反思意识的培养有很大的帮助。因此，教师必须要将教育教学过程中的实践训练环节与学生反思意识的培养相结合，作为完成教学任务的出发点和归宿点；通过多种渠道让学生参与专业实践活动，进一步强化学生技能提升和相关实践训练的反思，利于发挥学生个性，拓宽学生就业范围，提高学生的就业竞争力。

总之，高校学生的协同创新技能培养是深圳高校的一项长期的艰巨工作。

将培养学生协同创新技能与教育教学相结合，进一步提高学生的实践与创新水平，有效实现现代化大学目标，是深圳高校教育教学发展的内在动力和必然要求。

第二节　教育实践创新在人才培养体系的主体功能

当前各高校都重视创新人才的培养，努力建构大学本科创新人才的培养教学模式。创新人才须具备较强的实践能力和科研能力，也须有较强的解决问题和思考问题的能力。这些要求均促使高校必须重视实践教育教学工作，并进一步强化实践教育教学在创新人才培养体系中的主体作用。

一、实践教育教学工作在人才培养体系中的主体性

高校学生的创新思维源于实践生活，创新能力也源于实践生活，大学生的综合素养水平也需要在实践中得到提高。高校的实践教育教学工作对学生创新技能培养具有重要的主体作用，对学校教学质量及未来的发展都有着重要影响。随着科学技术的不断进步，信息化、数字化技术被应用到社会的各个领域，社会对相关专业的创新技能人才有迫切的需求，那些在专业领域具有较扎实的理论背景、较熟练的专业实践技能且具有创新思维的人才更是得到用人单位的重用。因此，要加强实践教育教学工作，强化其在培养体系中的主体作用，从而为社会输出更多的应用型创新技能人才。

二、实践教育教学工作在人才培养体系中的功能性

大学生创新技能的培养，造就了大批创新性人才，推动了社会的发展和进步。社会各领域都对创新性人才有着迫切的需求，创新性人才也与社会发展及大众的利益密切相关。加强高校实践教育教学工作，强调实践教育教学工作中的调查访问、实习操作、参观交流等环节，充分发挥实践教育教学工作在人才培养体系中的功能性，是实现创新技能人才培养目标的重要手段，也是巩固课堂理论教学以及进一步拓展大学生知识面的重要途径。

第三节 提升大学生实践创新能力的主要手段

高等学校教育教学改革的重点是加强教育教学实践创新环节，进一步促进大学生创新实践能力的提升，组织优化相关教学内容，构建完整的实践教学体系，让大学生的综合技能素养得到全面的发展。要有效地加强专业实践教育教学管理工作，注重师资队伍的培养，促进教师专业素养水平的提高；同时要大力加强创新技能，促进大学生创新能力的提升，有效地培养学生在专业学习中主动探究、敢于思考、善于提问和合理质疑的意识，促进学生专业素养全面发展。

一、建立科学、系统的培养评价体系

高校应加强大学生实践创新技能培养，促进大学生专业素养水平全面提高，努力拓展学生的综合知识面。在专业知识培养方面，注重大学生创新性思维的培养，把教育教学实践技能与专业素质有机结合起来。在注重培养专业实践技能的同时，更努力地提高大学生实践能力，树立科学的教育教学观念和创新人才培养理念，建立科学的、系统的人才培养评价体系。

(一) 在专业建设方面

要注重学生创新性思维的培养，充分发挥学生个性，让大学生在专业学习方面有宽阔的创作和活动领域，有效地培养学生在专业学习中主动探究、敢于思考、善于提问和合理质疑的意识。如：理工科专业安排学生到与专业紧密结合的企业岗位中进行相关的实验和实训。文科类专业安排学生到社会或街道办进行观摩和实践活动，让学生在活动中充分发挥个体的主观能动性。教师在活动中充当组织者，在实践活动中鼓励学生(不管是理工科还是文科专业)要用多角度、多层次思维去解决问题。通过教育教学实践活动，培养学生的发散性思维和考虑问题的求异性思维，逐步提高学生分析问题和解决问题的能力。

(二) 培养独立思考的能力

要有效激发大学生对教育教学实践活动的情感，培养他们在专业实践活动中的独立思考能力。在教育教学活动中，特别是在专业建设中，培养学生对实践活动的兴趣，是学生实践能力水平和创新能力水平提高的起点。专业教师在教育教学实践环节中，要充分发挥个性特点和个人魅力，通过现代的教育思维与现代的专业发展，从不同层面和不同角度激发大学生对专业实践活动的情感，充分挖掘学生自身的潜能，培养他们的专业实践能力和创新性思维。在教育教学活动中，要充分营造专业学术氛围，将显性的专业课程与隐性的专业课程相结合，让学生的个性思维得以展现。在科技手段充分发展的时代，学生需要有扎实的理论知识和娴熟的专业动手能力。因此，在教育教学活动中，要加强专业实践环节，不断提高教育教学实践改革力度，提高大学生的实践意识和创新能力，培养大学生独立思考的能力，落实社会赋予学生的使命与重任。

二、优化专业教学实践内容

高校要加强实践教育教学工作，促进大学生专业实践能力与专业创新能力的发展，构建和完善科学的实践教育教学管理体系，优化专业教育教学实践内容。在专业建设方面，注重学生技能的培养，促进学生综合素养水平的发展。同时，加强高等学校教育教学实践管理平台，促进教师个体专业的发展。

(一) 重视专业建设

专业发展强调"创新性"和"个体性"。按照国家高等学校人才培养目标，专业建设须具有厚基础、宽口径、个性化、创新性等特点。这就要求我们在专业建设方面，以培养学生能力为主线，让学生在专业知识、专业技能和综合素养方面协调发展。专业建设的宽口径也要求我们注重专业的理论精化，淡化专业之间的界限，提升专业的适应性。在教育教学过程中，把培养学生的综合素养和拓展学生的专业技能贯穿到整个教育教学的各个环节中。

(二) 建立科学的教育教学管理体系

高等学校的教育教学实践工作中，须具有相对独立又紧密联系的实践教育教学管理体系。高等学校的教育体系中，课堂理论教学和专业实践教学不是主从关系，而是一种相对独立，又相辅相成的紧密型关系。高等学校教育教学实践工作有着自己相对独立的目标和功能。在建立教育教学管理体系时，高校要注重教育教学实践工作的目标设置，改进教育教学实践工作传统的依附关系；完善教育教学实践工作的平台和体系，加强各项教学规章制度的建设，包括课程教学、教育实习、短课开设、创新系列课程开设、毕业实习以及社会实践等。

三、拓展教育教学实践教学资源

随着高等学校不断加强职业教育的发展，各高校都非常重视教育教学实践工作，不断完善学校的专业实践相关基础设施建设，不断拓展专业实践教育教学资源，引进能促进专业发展的先进设备并提高使用率，为培养具有个性和有创新性的人才提供条件。

(一) 加大高等学校专业实践基础建设力度

高等学校办学规模的扩大，带来了校区与校区间教育资源的不平衡发展。学校领导要重视这些因素所带来的教学的不平衡发展。当地政府也要加大对高等学校专业实践基础建设的力度，对薄弱的专业加大投入，促进高校薄弱专业教育教学实践的发展。在学校的总体投入计划中，做到对专业之间有相对的倾斜，对新建校区、新建专业、薄弱专业做相对有力的扶持，逐步实现专业之间的平衡发展。

(二) 构建信息化平台，实现资源共享

高校要实现校区间、校际间的资源共享。在提高学生专业实践能力、解决问题能力的方面，教育教学实践环节具有重要的作用。教育教学实践工作中要充分利用专业仪器设备，提高这些设备的使用率。在教育资源规划中，打破不利于学生学习的条块分割局面。在教育教学实践环节中，高校要充分发挥学校实践教育资源的效能，实现统一管理、共享，统筹安排，避免空置、空转、重复添置等现象，让教育教学实践教育资源发挥最大潜能。随着互联网络信息化的发展，高等学校应结合学校自身的情况，构建适合学校教育教学实践教学工作发展的信息化管理平台，以促进实践教育工作的进一步完善和效率的提高。

四、提高教学实践管理水平，加强教师实践教学能力

提高高校教育教学实践管理水平和教师专业素养水平，是进一步提高高等学校教育教学实践教学质量的重要保证。

(一) 建立稳健的、科学的管理制度

建立稳健的、科学的管理制度，以保证教育教学实践工作有序地进行。教育教学实践工作不仅需要教师和学生共同参与，同时也需要一个健全的管理规章制度。健全的、科学的教学管理规章制度既要符合国家的相关法规、政策，又要科学化、系统化、规范化。只有这样的制度，才能保障高校教育教学实践工作的顺利开展，才能提高高校的教育教学实践管理水平，才能真正提高学生的创新技能水平。

(二) 加强高校教师队伍建设

优化师资队伍，以促进专业教师在专业素养方面的不断发展。高等学校的教育教学实践水平的高低，取决于师资队伍的整体专业素养水平。在教师专业发展方面，既要重视教师课堂理论教学的能力，也要重视教育教学实践能力的培养，更重要的是加强教师在实践第一线的操作经验，使他们成为具备精湛技能、能胜任实践教学的专业人才。

总之，高校要加强教育教学实践工作，不断深化高校教育教学实践改革，促进高校学生实践创新能力的发展，完善高校教育教学实践教学条件，改革相关的实践教学内容及方法，不断优化教学手段，不断提高实践教学质量，为社会培养更多素质高的应用型人才。

第六章　以教育实践创新理念促进高校教学改革

随着高校人才培养模式创新试验工作的不断深入，本科教育教学改革的步子迈得越来越大。教育实践创新教学工作将协同创新理念融入本科教学改革管理工作中。高校应以教育实践创新理念为指导，尝试教学改革的新途径。

第一节　构建多样化的创新人才培养体系

高校本科教学改革工作，以"视野开阔，注重实际，热衷创新，崇尚竞争"为人才培养特色。教育实践创新教学，就是围绕创新目标，多主体、多因素共同协助，相互补充和配合协作的一种教学工作和方法，旨在鼓励和支持高校创新型人才培养的综合改革，在本科教学改革及教学管理机制等方面进行创新和拓展。当代教学模式改革的创新，突破了传统的线性和链式培养模式，呈现出非线性、多元化、网络化和开放性的特征。在此基础上，形成各学科知识多元融合、多元教育主体、跨学科互动协同的教育实践创新的一种教学模式。

当前各高校为本科生开设的短课、特色实验班、微专业、创业系列等多元课程体系的明显特征是，非常注重实践教育创新、与行业创新发展紧密相关且对提高该类课程的教学质量有积极的促进作用。

就当前高校本科教学改革的教育实践创新而言，教育实践创新协同很重要。协同的含义就是指在课程教学活动中，各要素之间进行配合，比如课程与课程、课堂教学与实践、教师与学生、学生与学生、课内与课外及校内与校外等要素之间的协同和合作。教育实践创新改革工作的创新有三方面的含义：一是教学模式和方法、教学手段的创新；二是教学内容的创新；三是学生创新能力与创新素质的培养。

一、"四理念"融合，形成理念导向

以深圳大学为例，随着本科教学改革的不断深入，深圳大学实施创新人才培养，提出"四理念"融合，即融思政于通识教育、专业教育、实践教育、双创教育的开放融合理念，提倡逻辑包容、环环相扣的教学方法，并贯穿于培养目标、培养模式、培养内容、培养效果、教学管理机制等各个方面。

教育实践创新的教学理念不断深入，形成多元理念。

(1) 以生为本的理念。把学生的需求和个人禀赋作为核心，尊重人才成长规律，尊重学生的个性差异，重视学生的个性发展与潜能开发，给人才成长提供良好的平台，促进创新思维与创新人格的养成。

(2) 全面发展的理念。推行"通识教育+专业教育+个性发展"，促进学生在学术、品格、爱好、专长和思维能力上的发展，实现学科交叉融合，促进学生的全面发展。

(3) 多元培养的理念。采用多元化的教育方式和培养规格，表现在培养载体多元化、培养内容多元化、培养目标多元化、评价标准多元化、管理机制多元化。

(4) 开放融合的理念。打破樊篱，消除壁垒，形成多主体多元素协同发展的格局，主要体现在培养理念开放融合、培养目标开放融合、培养方式开放融合、培养内容开放融合、教育资源开放融合、评价监督开放融合。

各个高校应形成多样化培养目标和目标导向，建设全方位、有特色、适合学校定位与发展的荣誉教育模式，构建拔尖创新人才培养的新范式。

多样化创新人才培养是一个非常复杂的系统工程。深圳大学坚持整体设计，通过不断研究、探索、创新与实践，构建了一个较完整又科学有效的培养体系。该体系把人才培养各构成要素同步纳入，涉及培养理念、培养目标、培养内容、培养过程、培养机制和外部环境等诸多方面，形成多样化创新人才培养体系，如图 6-1 所示。

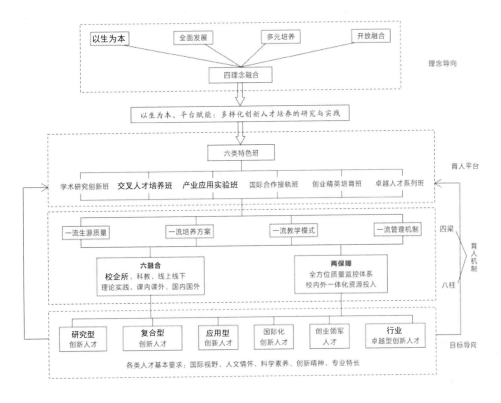

图6-1 深圳大学多样化创新人才培养体系

二、加强学生创新班的建设

深圳大学依据四理念融合,以深圳大学优势学科为依托,以社会需求为导向,设计六类培养目标:研究型创新人才、复合型创新人才、应用型创新人才、国际化创新人才、创业领军人才、行业卓越型创新人才。在此基础上,着力夯实不同类型创新人才的共有特质:国际视野、人文情怀、科学素养、创新精神和专业特长。

根据六类不同类型创新人才的培养目标和培养要求,深圳大学顶层设计六类特色班:学术研究创新班、交叉人才培养班、产业应用实验班、创业精英培育班、国际合作接轨班和卓越人才系列班。在六大类框架的设计和指引下,进一步建设和完善六类特色班(目前约50个),全面搭建多样化创新人才培养平台,以人为本、因地制宜地分类实施创新人才培养。

通过实践,各类特色班都产生了优秀代表。高等研究院、医学院临床医学专业和深圳大学正在实施荣誉学位的12个专业,是小规模、精英化、研究型的

"学术研究创新班"的典型示范；文学院"国学精英班"和经济学院"数理金融实验班"，是以多学科协同、跨专业培养为特色的"交叉人才培养班"的知名品牌；计算机学院"高性能计算特色班"和生命海洋学院"海洋科学菁英班"，是产学协同、校所协同、校企协同的"产业应用实验班"的成功案例；管理学院"工商管理创业精英班"和生命学院"植物资源开发创业特色班"是创业课程、创业孵化、创业实战相融合的"创业精英培育班"的有力实践；管理学院"电子商务国际班"和经济学院"投资科学国际接轨班"，是直接对接海外著名大学课程体系，培养国际化人才的"国际合作接轨班"的卓越成果；外国语学院"高级英语精英班"、艺术学院"数字媒体特色班"、材料学院"高分子德式教育英才班"、法学院"卓越律师精英班"以及经济学院"ACCA创新班""人保精英班"，是以社会高端需求为导向、以行业卓越人才培养为特点的"卓越人才系列班"的全面探索，如表6-1所示。

表6-1　六类创新人才培养目标和六类特色班情况

特色班类别	办学主要特征	培养目标	
学术研究创新班	科教协同、校所协同、荣誉教育	研究型创新人才	各类人才的基本要求：国际视野、人文情怀、科学素养、创新精神和专业特长
交叉人才培养班	跨学科、跨专业、校内协同	复合型创新人才	
产业应用实验班	产学协同、校企协同	应用型创新人才	
创业精英培育班	创业课程与创业实战相融合	创业领军人才	
国际合作接轨班	国际通行模式教学组织	国际化创新人才	
卓越人才系列班	依托专业认证、卓越系列的人才培养	行业卓越型创新人才	

通过拔尖人才培养方案的实施，目前深圳大学共有62个特色班，覆盖21个学院4600余名学生。其中学术研究创新班23个、交叉人才培养班10个、产业应用实验班9个、国际合作接轨班9个、卓越人才系列班6个、创业精英培育班4个。

第二节　教育实践创新促进创新人才育人机制的提升

深圳大学以清晰的教学理念为引领、明确的培养目标为导向，设计和践行了一套"四一流、六融合、两保障"的创新人才育人机制，其中"四一流"是培养内容与环节，"六融合"是培养方法和手段，"两保障"是质量控制与投入，共同构成该机制的"四梁八柱"。

一、深化创新人才育人机制建设

深圳大学通过教育实践创新工作，促进完整的育人机制建设，进一步加强培养方案、教学模式、管理机制、生源质量等方面的建设管理工作，形成"四一流"，即一流的生源质量、一流的培养方案、一流的教学模式、一流的管理机制。这是整个育人机制的"四梁"。

(一) 一流的生源质量

高质量的生源是培养创新人才的前提。深圳大学多措并举，保证特色班生源质量。一是实施《拔尖创新人才培优计划和奖励方案》，在招生宣传中吸引优质生源。二是建立选拔机制，出台《深圳大学特色实验班学生选拔管理细则》，通过笔试和面试，公平公正、严格选拔优秀人才进入特色班。三是建立动态竞争和人性化退出机制，学生进入特色班后，通过学年考核和综合评估，实施阶段性分流与增补；一旦自身松懈，不能跟进特色班的培养进度，将会被淘汰并分流至相关学院，以此始终保持特色班人才的拔尖、竞争和流动，比如实施荣誉学位的 12 个专业设立了较严格的学生修读荣誉课程要求和申请荣誉学位条件，实行了层层淘汰机制，要求学生始终保持良好的学习状态和优秀的学习成绩。

(二) 一流的培养方案

深圳大学以因材施教为原则，每个特色班均设立独立、完整且富有特色的培养方案，且特色班培养方案与主修专业培养方案中专业课程重复率不超过50%。如"数理金融实验班"培养方案中增加英语教学比重，突出经济学、金融学及数学等学科知识复合；"ACCA 特色班"将 ACCA 资格考试的 14 门课程全部纳入培养方案，采用全英文或双语教学。在课程体系上，针对卓越创新人才知识结构的实际需要精心设计课程体系，如"投资科学国际接轨班"在整体移植美国顶尖商学院——宾夕法尼亚大学沃顿商学院专业课程体系的基础上，以立德树人为根本使命，坚持思政课程、通识课程和专业课程相结合，以思政教育引导学生树立正确三观，以通识教育激发学生个性特长与全面发展，以专业教育培养学生职业专长与实践能力。在课程内容上，与时俱进地精选与重组教学内容，打造具有高阶性、创新性和挑战度的金课。如计算机学院各特色班在原七门硬件课程的基础上整合重组为三门系列课，更加注重知识的基础性、广博性和交叉性，坚持理论与实践、广度与深度有机结合。在创新素养培育上，设立自主选择课程和科研项目，将专业理论知识学习与科研项目实践紧密结合，加强实践环节和产学研互动，积极为学生提供自主探究、知识应用、开阔视野的平台。

(三) 一流的教学模式

深圳大学以学生为中心，创新教学方式，由注重知识传授向注重能力培养转变，通过启发式、研讨式、探究式、参与式以及基于网络的混合式、翻转课堂式等多元教学方式，个别辅导、小组合作和班级授课有机结合的教学形式，更好地培养学生的理解能力、思维能力和创造能力。强调学生自主学习，以学生作为学习主体，通过学生独立的分析、探索、实践、质疑、创造等方法来实现学习目标。如："生命科学创新实验班"以研究项目方式组织教学，研究项目由老师拟定，学生自主选择项目，教学过程从拟定实验方案到实施完成项目并撰写科学论文均以学生为主导。"文化创意产品设计特色班"通过讲授、专题探讨、设计模拟实践、设计现场调研和行业专家讲座等多种教学方式，实现教师指导和学生自主性学习相结合、课程教学和设计研究相结合的实验教学模式。

(四) 一流的管理机制

特色班的发展离不开健全的机制，深圳大学积极探索了一系列科学有效的培养管理机制。

(1) 实行独立编班制，深圳大学特色班均具有"班"的特性，即：对通过转专业等形式选拔进入的学生，独立编班组织教学，实施整班制培养，不分散培养或混合培养。

(2) 实施全程导师制，3~5位学生配备一位学业导师，导师指导学生制定学业计划、规划职业生涯、选择专业或方向，帮助学生了解各学科发展的最新动态，选择合适的科研课题或参加导师的科研项目。

(3) 实行小班制，原则上人数控制在30人左右，大部分特色班要求学生在二年级后进入特色班，以满足转专业要求。

(4) 建构以主辅修制、弹性学制、学分制为主要内容的教育管理制度,将共性与个性、原则性与灵活性等有机结合起来,以更好地培养学生的创新意识和创造能力。

二、形成多样化创新人才培养的方法与支撑力量

教育实践创新促进创新人才培养机制的建设,有助于形成多样化创新人才培养的方法与支撑力量。深圳大学"六融合、两保障"是多样化创新人才培养的方法与支撑力量,构成整个育人机制的"八柱"。

(一) 六融合

深圳大学"六融合"体现了多主体、多要素、多资源、多形式协同。一是校企所融合,拆除教育壁垒与资源封锁,加强流动与整合,调动社会优质教育资源与学校共同培养多样化创新人才,建立校所、校企特色班 9 个,形成联合育人长效机制,在课程设置、教师配置、学生实习、毕业设计、学生就业等方面开展深度合作。二是科教融合,依托国家级科研项目开设创新研究短课 57 门和聚徒教学 205 项,投入经费 205 万元。教师将科研项目转化为课堂教学资源,促进科研与教学相融合,鼓励特色班学生积极参加,促进学生全面发展。三是线上与线下融合,加大 MOOC 建设力度,建设 MOOC 专业课 136 门次,推广翻转课堂和混合式教学,开展 MOOC 混合教学 127 门次,探索信息技术与课堂教学深度融合的线上、线下混合式教学模式改革。四是理论与实践融合,加强理论学习同实践结合的紧密程度,鼓励学生参与科研实践,近五年以特色班为主开展大学生创新创业计划训练项目 523 项、创新发展基金实验项目 1376 项,投入经费 811.3 万元,鼓励学生将所学理论广泛应用于科研实践和产业应用。五是课内与课外融合,融合多个课堂,形成培养合力,通过学术沙龙、读书报告、兴趣讨论、科研小组、创新竞赛、企业实践等,营造第二课堂学术氛围,加深理论知识理解,促进学生自主学习和自主发展。近五年竞赛获奖 1929 项。六是国内与国外融合。国际视野是创新人才必备的核心素养之一,学校多渠道利用国内外优质资源,为学生提供国内外实验室参观、学习、实践、培训机会等,深入了解不同国家的科技和文化,拓展国际视野、增长知识才干。

(二) 两保障

深圳大学"两保障"是育人机制运行顺畅的支撑与保证。一个保障是构建全方位质量监控体系。深圳大学建立校院两级特色班人才培养监控体系，全链条保障特色班建设、协调与管理，在质量监控体系中设置 160 个监控节点，全面覆盖人才培养全过程。在学校统一指导下，各学院分别制定特色班培养方案、学业管理、学业导师、学生选拔、班主任遴选、实习实践、实验室教室、自主学习资源开放等系列规章制度和管理办法，保证特色班的顺利实施。此外，各学院建立多方参与的教学评价机制，在学生评教基础上，增加同行评教、督导评教，并引入第三方教学质量管理平台作为技术支持。另一个保障是校内外一体化资源投入。深圳大学整合校内各部门、各学院育人资源，设立每年 310 万元专项培养经费，用于特色班教学和实验条件的改善，制定奖励措施，鼓励学生发表论文和参加各种学科竞赛，并配备最优秀的教师，保证特色班高水平的教学质量和宽阔的学术视野，开放科研平台，保证学生参与科研的需要，以投入保障为人才培养奠定基础；引入校友资源、企业资源和科研院所资源等，通过产学研结合、实践基地建设等实现学校育人与服务社会的有机结合；全力争取国家和地方政府部门的支持，加大特色班财政投入和指标倾斜。通过上述三个途径，形成校内外庞大优质的资源投入，推动协同创新。

第三节　教育实践创新促进学生创新实践能力的培养

培养大学生的创新能力，必须具备先进的教育理念。高校要坚持解放思想、实事求是、与时俱进的精神，大力推进教育创新；适应国际化、现代化建设和人才市场的需求；体现先进教育理念，保持"宽口径、厚基础、重个性、强能力、求创新"的教学传统和特色；发挥省部共建重点实验室、省级示范性实验中心的辐射作用，进一步提高高校的整体教学水平。教育实践创新的改革的主体思路是：树立以学生为本，知识传授、学生个体能力培养、创新综合素质提高协调发展的教育理念和以能力培养为核心的实践教学观念，建立有利于培养学生实践能力和创新能力的实践教学体系，建设满足现代实践教学需要的高素质实验教学队伍，建设设备先进、资源共享、开放服务的实验教学环境，建立现代化的高效运行的管理机制，全面提高大学生的实践创新能力。值得一提的是，实践教学体系中的课外科技实践活动部分是大学生实践创新能力培养的重要环节，对提高学生实践能力、培养学生综合素质以及营造校园学术创新氛围方面，均起到了良好的推动作用。以深圳大学在教育实践创新方面所进行的教育教学改革为例，主要体现在如下几个方面。

一、强化实践教学环节

实践教学环节以学术研究性、创业指导性和实践性为原则，培养学生的创新创业意识和实践能力，促进学生全面发展，是学校本科人才培养理念和特色的集中体现。学校强化实践教学环节，提倡各专业增加课内实践环节，确保人文社会科学类专业实践学分(学时)不少于总学分(学时)的 15%，理工医类专业不少于 25%，师范类学生教育实践不少于一个学期。2020 年度第一学期本科生开设实验的专业课程共计 352 门，其中独立设置的专业实验课程共 72 门。

二、广泛开展特色基地建设

学校注重校内外实习基地建设，不断探索校企协同、互惠互利、共同发展的新型合作机制，充分利用校外资源优势，依托产业集群协同，开展特色基地建设，拓宽学生实践能力培养和实战的平台。截至 2020 年 8 月，全校现有校外实习、实训基地 465 个，本学年新建校外实习基地 19 个，共接纳学生 2850 人次。

三、实施校级一院一赛制

为加强本科生竞赛管理工作的科学化、规范化，培养学生创新实践能力和团队协作精神，学校鼓励学院积极开展竞赛活动及优秀教师积极参与竞赛指导，形成竞赛长效机制，有效提升学生的竞赛成绩。学校对本科生学科竞赛实行项目管理制度，将本科生学科竞赛项目分 A、B、C 三类。A 类项目指国家级和国际级竞赛，B 类项目指省级竞赛，C 类项目指校级竞赛。2020 年，学校确定本科生学科竞赛立项项目 52 项，其中 A 类项目 43 项，B 类项目 6 项，C 类项目 3 项。同时，学校根据实践成果和竞赛情况，研究建立优增劣减的实践教学经费投入机制，大大提升了实践教学效果。

四、实施"大学生创新性实验计划"

依据"兴趣驱动、自主实验、重在过程"的实施原则,深圳大学继续开展推进"大学生创新创业训练计划"工作,依托各学院专业实践基地、实验教学中心和工程教育中心,划拨专项经费,立项资助了120项大学生创新创业训练项目。其中,40个项目获2019年国家大学生创新创业训练计划项目立项,80个项目获广东省大学生创新创业训练计划项目立项,为大学生提供了一个高水平的创新实践平台。

五、打造创新创业教育升级版

在创新创业教育改革方面,2020—2021学年学校结合《国务院关于推动创新创业高质量发展打造"双创"升级版的意见》等相关文件精神,借力创新型国家建设和粤港澳大湾区国际科技创新中心战略规划的重大机遇,对原创业园、创业学院、大湾区国际创新学院等机构进行合并重组,迭代升级为创新创业教育中心,进一步明确创新创业教育目标要求。

(一) 打造"双创"支撑平台,落实"双创"政策

深圳大学积极搭建创新创业项目实战训练平台、创新创业云服务平台、创新创业项目管理平台和"互联网+"创新创业孵化器(众创空间)等管理平台,以此整合校外行业企业专家、社会投资人资源;并加强了与校外各类孵化器的协同合作,目前与34家社会孵化器合作建设"深圳大学大学生创业(创客)孵化基地",形成"校内+校外""线上+线下""政府+市场"的大孵化格局。截至目前,深圳大学创业者联盟已有20个校内创业创客类学生社团、联盟策划组织、承办协办了700场次创新创业活动;仅一个年度共组织了550个项目参加"中国互联网大学生创新创业大赛",在省赛中获得10枚奖牌(其中包括高教主赛道银奖4项、铜奖3项和红旅赛道铜奖3项),实现了阶段性的突破。现有两支团队入围全国总决赛现场,其中一支是高教主赛道的成长组,另一支是高教主赛道的国际组。

(二) 培育创新发展动能,着力打造"双创"升级版

依托大湾区国际创新学院,学校联合香港理工大学,创建全国首创"创新应用博士后"项目;探索与新加坡理工学院、新加坡南洋理工大学、斯坦福大

学等高校的合作项目；与美国硅谷高创会签订"大湾区—硅谷之窗"合作协议。2020年，该学院建立了学科交叉和跨界融合的创新型人才培养模式，招收硕士研究生9位、"创业服务工程"留学硕士6位。目前，该学院已成为高层次双创人才培养、高水平双创理论与实践研究、高规格国际双创资源对接和高质量深港高等教育合作的重要载体。

提升创新实践能力，产学合作协同育人。深圳大学成立艺术与科技创新跨界实验室，确立以"艺术+科技"为引领的跨学科发展方向，深入探索人文社会科学与自然科学间的相互交叉和相互融合；开展文化艺术科技产学研工作，将科学技术上的突破全方位运用于艺术的创意创作中；依托实验室平台，培养学生跨界创新创意思维和实践能力。2020年，深圳大学成立微众金融科技实验室。该实验室充分结合微众银行金融科技的创新优势、深圳大学高水平综合性大学的科研优势以及学界和业界的经验，紧密追踪金融科技领域前沿技术研发及应用，加速相关技术的产业化和商业化进程，大力培养金融科技领军人才队伍，构建行业与专业联动、教学与科研贯通、理论与实践结合的校企深度合作模式。

第四节　教育实践创新促进学科交叉拔尖人才培养

学科交叉已成为知识创新、科学发展的时代特征。随着时代的进步，传统的人才培养模式已经不再适应现代社会，不足以培养出社会所需的拔尖创新人才，这就需要大学转变人才培养思维，多元探讨新的人才培养资源整合方式。

现代社会的竞争是人才的竞争，如何培养拔尖创新人才成为国民关注的重点。拔尖创新型人才培养是适应新时代国家和社会发展的需要，是我国国家建设的迫切需求。高校应建立创新体制机制，办好一批一流学科专业，着力提升高等学校输送各类学科人才和服务能力，形成多层次、多类型、多样化的具有中国特色高等教育人才培养体系；着力推进人才培养模式改革创新，开展拔尖创新型、复合应用型、实用技能型等人才培养模式改革试点项目，形成一批示范性改革实践成果。

一、交叉学科与拔尖人才的培养

交叉学科及拔尖人才的培养利于学生树立国际化教育理念和开拓全球化视野。习近平总书记提出构建人类命运共同体，中国作为一个负责任的大国将承担更多的世界责任与义务。这就要求拔尖创新人才培养目标与教育理念一定要有大格局、大视野。因此，在拔尖创新人才培养过程中必须要贯穿以下教育理念，一要具有宽阔视野，有应对国际问题、解决人类共同关心的问题、共同构建人类命运共同体的理想愿景；二要有开放共享、包容合作的思想，具备兼收并蓄、海纳百川的精神；三要具备可持续发展、绿色发展，建构地球命运共同体的价值观。

跨学科交叉融合利于培养拔尖创新人才的创新思维。拔尖创新人才须具备宽厚的基础知识、积极的创新精神、较强的实践能力等综合素养，而学科交叉及知识融合正好有利于人才的综合素质培养，学生的知识背景交叉成为打破惯性思维、扩大思维广度、取得原创性成果的源泉，而且交叉学科是综合性、跨学科的产物，有利于解决人类面临的重大复杂科学问题、社会问题和国际性问题。成功的一流大学的办学经验证明，交叉学科及专业是培养具备综合学科实力拔尖创新人才的主渠道。破除专业壁垒，理工结合，文理渗透，是深圳大学建设成为著名一流大学教育教学改革的方向和目标。拔尖创新人才的核心构成要素中创新意识位居重要位置，主动性、好奇心、积极进取、风险意识等在创新意识培养过程中往往起关键作用。培养拔尖创新人才，要坚持以学生为中心，采取个性化、多元化培养模式，同时也要调动学生主动性，培养学生的创新意识。从教师方面实施探究式、案例式、互动式教学，激发学生好奇心和批判精神；从学生方面充分调动学生主动性，让学生自主选择、自我负责，增进学生的积极进取和创新精神。培养拔尖创新人才仅仅通过知识传授是不够的，必须要搭建产学研一体化的创新平台，提供系列科学研究与实践锻炼的机会，才能让学生的创新思维与创新意识转化为创新能力。在新时代背景下，只有让学生在解决社会不同问题的过程中进行多领域、全方位的合作，围绕创新目标进行多主体、多因素共同协作和相互配合，才会产生协同创新的效应。

二、交叉学科建设与拔尖创新人才培养的相关性

培养拔尖创新人才，首先要弄清楚何谓拔尖创新人才。从不同的角度分析，拔尖创新人才有不同的含义，但其具有两个最基本的特征：一是宽阔的学术视

野；二是创新性的思维品质。这就要求高校在人才培养教学中不仅要注重知识方面的培养，还要关注思维方面的启发教育。所以，现代大学不仅需要知识科研方面的创新建设，还需要用新成果、新方法去培养人才，并通过人才培养进一步推动学科的创新发展。所以，学科建设和人才培养具有相关性。也可以理解为：人才培养必须通过科学研究或学科建设来进行，跨学科、复合型的创新人才必须通过交叉学科或跨学科来培养。

所谓交叉学科建设，就是通过多个学科之间的关联性、相融性和互补性，使相关学科之间产生知识的对流和方法的碰撞，通过多学科之间的互动和交流来促进学科的发展及繁荣。现今社会，多学科交叉融合已经是国内外高等教育界的共识。单一的学科教学模式已经不能够满足学生的教学需求，必须给予学生更为全面的多学科教育。这从根本上来说就是能够通过对多个学科的学习，把握各个学科之间的异同，进而培养出学生独立学习和解决复杂问题的能力。

三、交叉学科建设与拔尖人才培养的困境

随着高等教育改革的不断深入，多学科交叉融合将成为未来知识创新的重要方式。不同学科专业的交叉融合对于深化教育改革、实施素质教育、提高创新人才质量和实现教育资源共享都具有重要的现实意义。弱化专业界限、强化学科间交叉是高等教育发展的趋势。但是目前交叉学科建设和拔尖人才培养都还处于初级阶段，还存在很多问题亟待解决。

(一) 改革和调整都还处在纸上阶段，尚未贯彻实施

虽然现在我国很多高校都已经意识到交叉学科建设的重要性，也有建立专门的研究办公室或者研究中心，但是大多数都停留在花拳绣腿的表面功夫，并没有真正将学科的交叉融合研究落到实处，甚至有一些研究中心常年都处于闲置状态；另外，因为很多关于交叉学科的研究都只是处于一个探索阶段，所以有些研究中心并没有真正理解交叉学科建设要如何进行，没有从各个学科不同的特点入手进行研究，引发了研究方向错误、研究投入较少等一系列问题。

(二) 人才培养机制有待健全

交叉学科建设和拔尖人才培养是相辅相成、互为一体的。人才需要通过科学研究或学科建设来培养，那么复合型拔尖人才就需要通过交叉学科或跨学科

来培养。但是因为交叉学科建设目前还处在探索阶段，所以关于人才培养方面的体制机制还有待进一步完善。目前我国的大学教育还是一种体制内的教育，各种学科之间存在竞争压力，而且学院之间缺少交流，更不要提校际之间的交流了。这就需要一个人才培养的焦点、一个交叉学科建设的突破口，来帮助各个院校之间加强交流协作。

(三) 交叉学科建设与拔尖人才培养的策略

需要明确一点，提倡交叉学科建设并不意味着要结束单一学科的学习机制，而是在单一学科学习的基础上又增添了一种交叉学科的教学方式。这两种不同的学习机制培养的是两种不同的人才。但是由于现在交叉学科建设尚处在探索学习阶段，所以需要一些措施来保证实施。

1. 从根本上转变思维

要想真正贯彻交叉学科建设，就需要从根本上转变思维，需要大学打破原来单一教学的枷锁和固定的教学模式，培养能够适应交叉学科研究的人才。大学要认清社会对于人才的需要，要将学科交叉的研究落到实处，真正开始为交叉学科建设做准备。首先，明确创新人才的培养目标，开设选修课程，鼓励学生多进行拓展学习，打破专业课的限制，让学生能够根据自己的兴趣爱好去选择选修课程，培养不同个性，不再将学生绑在专业课的柱子上；再次，可以通过课程安排，建立一个交叉性学习课表，培养出德智体美劳全面发展的优质学生；另外，要在探索过程中不断积累经验、完善自身，在探索中不断学习。

2. 完善制度保障和政策保障

建立相应的制度，就是给予交叉学科建设政策上的保障，承认学科的合法地位。这个保障主要来自学校、学术界和社会三个方面。首先是学校，相关政策给予交叉学科教学一个与单一学科教学同等的地位，这在根本上保证了交叉学科建设的顺利进行，不至于半路中断，最后变成一次尝试性教学；其次是学术界，交叉学科建设在学术界得到普遍认可，有利于学生未来的就业和发展，有利于教学研究的资源整合和人才培养；最后是社会方面，社会上的认可度是交叉学科建设的基础，人才培养的最终是为了社会服务，所以，交叉学科培养出来的拔尖人才自然要得到社会上的认可，否则将毫无意义。

总之，随着社会的不断发展，对人才的要求也越来越高，这就需要高等教育改革不断深入。未来，交叉学科建设必定是重点。交叉学科建设和拔尖创新人才培养是相辅相成的关系。

第五节　教育实践创新促进高校特色班建设

自 1999 年高校扩招至今，国内高等教育步入大众化。近年来，高等教育的快速发展为我国经济社会的快速、健康和可持续发展以及高等教育自身的改革发展做出了重要贡献。高等院校是人才原始创新动力，也是教育与科研成果培养的主要基地，而特色班是高等院校教育体制改革的先驱，直接关系到人才培养及社会发展。

特色班建设已经成为国内外各大高校积极实践和探索人才培养的新模式。以深圳大学为例，当前深圳大学致力于打造一个教学特点突出、创新能力强、就业前景好、个人全面发展的特色班级体系，为培育适应社会新形势的全方位人才以及综合素质过硬的经济建设者提供一个新的途径，并取得了较大的成果。深圳大学特色班教学模式始终注重探究人才培养的新理念，致力于教学方式和教育模式的创新，以培养"尖端的优质学生"为宗旨，积累了很多成功的经验，创造了许多示范性的典范。

一、特色班建设的意义

特色班教学模式的建设是高等学校创新创业教育的全新探索，也是高校开展创新创业人才培养的集中体现。通过在高等学校开展特色班建设，努力建成一批办学水平较高、影响较大、竞争能力较强、深受社会欢迎的特色班，不但有利于促进学校创新创业教育的基本建设，而且有利于培养优势特色专业人才，适应社会经济发展需求，提升学校整体办学质量。

二、特色班建设的内涵与特征

(一) 特色班建设的内涵

所谓特色，是一事物区别于其他事物的本质特征，也就是自身拥有的格外突出的个性、风格与特点等。广义的"特色"是一个中性的概念，可以指正面的特色，也可以指反面的特色；狭义的"特色"是指事物某些方面优于自身其他方面并优于其他事物同一方面的某些优秀品质。我们通常所说的"特色"是指狭义的特色，表示与众不同，且优于众者。高等学校的特色专业要能够充分体现学校办学定位，在教育目标、师资队伍、课程体系、教学条件和培养质量等方面具有较高的办学水平和鲜明的办学特色，获得社会认同并有较高社会声誉。

深圳大学特色班具有特色概念的基本特征，是学校在一定的办学思想的指导下，经过长期的办学实践而逐步形成的相对稳定持久的、独特优质的发展方式。深圳大学特色班建设充分体现了学校办学定位，在教育教学目标、师资认证、课程体系、教学条件和培养质量等方面具有较高的办学水平和鲜明的办学特色，是学校办学优势和办学特色的集中体现。

(二) 特色班的主要特征

深圳大学特色班具有以下基本特征。

1. 独创性

特色班是一个专业班级所具有的特殊性和个性在专业教学中的体现，是为一些成绩优异、学有余力的学生提供的培优教育，因此具有区别于其他班级的明显特点。

2. 普遍性

任何事物都是共性与个性的统一，特色班也具有其他班级所具有的共性。

3. 先进性

特色班一般是学校根据社会的需求或事物的发展规律而创建的，是科学、合理、系统的办学思想和管理经验的结晶。特色班是学校办学优势的集中体现，必然反映了事物发展的状态和趋势，代表了事物在这一领域的发展进程及水平，即"人有我优"。

4. 稳定性

特色班是各个学院在深入了解社会需求和本学科学生的学习情况的基础上，结合本院办学优势而开设的，是充分论证、慎重选择和通过各种制度加以保障的结果。

5. 发展性

特色班的建设随着社会的发展而发展，随着办学条件及师资力量的改善而不断提升，具有时代的特征。特色班的先进性决定了特色班不能一成不变，而是应与时俱进，不断创新，不断增加新的亮点和培育新的特色，始终引领班级建设的方向，即"人优我新"。

三、特色班建设的主要方法

(一) 创新工作制度

正所谓思想指导行动，特色班建设必须首先在思想观念上进行创新，以适应特色班建设的需要。上至学校管理层、下至每一个学生都要对此有一个清晰的认识。近年来，一方面我国高校毕业生就业难问题越来越突出，应该引起学校高度重视；但另一方面，我们也看到，企业对具有相当实践经验的技术人才或实用性技能人才的需要也很迫切。这个矛盾主要是由中国不少高校对社会的人才需求关注不够，甚至闭门造车，培养的学生与社会需求存在严重的脱节导致的。要改变这种局面，高校应该时刻关注世界产业发展的概况，尤其是我国以及高校所在地的发展情况，根据办学定位、办学特色、学科优势等自身实际和社会对各类人才的需求，及时对相关专业课程设置进行改革。

此外，为了保证一个特色班乃至专业建设的稳定性，必须完善相关的教学管理制度，主要包括学生的管理制度、课程的设置调整制度、经费的投入保障制度等，为特色班的平稳快速发展提供制度保障。

(二) 优化特色课程体系

特色班建设必须在明确的人才培养目标和科学合理的人才培养方案下，建立特色鲜明的课程体系。学校要根据自身的办学优势和社会的发展对课程的教学内容进行改革创新。在课程设置上仍然遵循"理论与实践相结合"的原则，构建多样化教学模式。课程安排要形成一个有机的系统，真正培养一批满足社会需求的高素质人才。

(三) 加快转变课堂形式

在保证实现培养目标的前提下，高校要突破以知识传授为中心的传统教学模式，利用现代信息工具，探索以能力培养为主的启发式教学模式，积极尝试多媒体教学和网络教学等形式，开展实践性活动，真正将知识转化为生产力。

(四) 加强师资队伍建设

良好的师资队伍是开展好特色班建设的重中之重。教师队伍的建设主要包括以下几个方面：一是加强对教师自身的培养。完善教师的进修学习机制，加强与国内外知名大学或研究机构的合作，探索与企事业单位的合作办学模式，让老师能够有学习先进知识、接触实践操作的机会，从而培养自己的特色教师。二是加大特色教师引进。根据专业发展和教学需要，积极地引进一些科研能力强、教学效果好、具有某方面专业技能的优秀教师。三是重视客座教师的队伍建设。从知名企事业单位的一线或研究单位聘请一定数量的兼职教师，同时积极邀请国内外著名的专家学者和高水平专业人才来学校任教或开设讲座。四是积极与其他学院合作办学。特别是针对国外院校的特色专业课程，结合社会发展趋势，鼓励学院联合发展交叉学科，在教学设施、教师资源等方面实现共享。最终形成一支年龄、职称、学历结构合理，教学与科研综合水平高的教学团队。

(五) 加大经费保障力度

首先，加大经费投入是开展特色班建设的重要保障。一方面，学校、学院本身要加大资金的投入；另一方面，要积极地吸引社会、行业以及企事业单位的支持和参与，共同办学。例如加强实验室建设及资料阅览室建设，购买实验设备和实验器材；购买最新的相关书籍，为教师授课提供更多的参考资料，也能拓宽学生的视野，便于学生获取最新的学术信息，为学生的发展提供一个宽广的学术平台。其次，提高教师和学生的积极性，让教师把更多的精力投入到特色学科、专业的建设研究中来。要加大实践教学基地的建设，培养学生的实践操作能力和工作经验。要积极拓宽实践教学渠道，加大与社会、企事业一线的合作，共同开展实习教学，既为企业的发展提供支持，同时也为学生的发展打下坚实的基础，最终实现互利共赢。

深圳大学各个学院基本上都根据自身发展特点和行业前沿发展趋势建立了特色班。每个特色班在建设上都受到了学院的高度重视，班级特色鲜明、生源优秀、师资配置重点突出，在学术成绩等方面表现出色。以深圳大学工商管理专业创业精英班为例，根据深圳产业结构的技术和新兴产业导向的特点，未来的商业领导者应该具有专业和管理的复合型知识结构。为此，管理学院设立了工商管理创业精英班。

　　深圳大学管理学院非常重视创新创业教育，对工商管理创业精英班的建立和发展给予了有力的支持和政策的倾斜。例如学院开展的创业精英班等活动，会根据活动具体内容给辅导教师一定的工作量补贴。系里将项目的启动经费用于相关的学生的创业创新活动，为学生创业活动的开展和实施提供资金资助，积极申请学校对该项目的专项经费支持。这些举措极大地激发了教师和学生参与其中的积极性，强化了创新人才培养模式的作用，有助于通过内涵创新提升人才培养质量。

　　目前，深圳大学在机电、计算机、数学、人文、管理、法学、经济、艺术设计等方面都开展了优质特色班教育，加大了投入力度，提高了教学成果，赢得了师生们的称赞。

四、特色班建设模式分析

　　深圳大学特色班的建设一直注重探究人才培养新理念，致力于教学方式和教育模式的创新，以培养"尖端的优质学生"为宗旨，在特色班建设方面进行了很多大胆的尝试和创新，积累了很多成功的经验，创造了许多示范性的典范。特色班教育招生区别于普通教育的地方在于，招收的学生主要是一些学习成绩优秀、品学兼优、学有余力的学生。优中选优，更加强化了专业性和方向性。普通基础教学的特点则是偏重于理论学习和科学研究。特色班可以看作是不同于普通专业的特殊班的总称，有各种各样的类型。开设特色班通常需要学科实力、师资和设备等方面的大力支持。学校在特色班建立与逐步的改革中，始终坚持以培养"宽口径、厚基础"的高素质复合型人才为根本，与时俱进，不断创新，力求实现"人无我有、人有我优、人优我新"的建设目标。

　　特色班在组建之后应该与普通班级的管理区分开来。特色班教学模式本身拥有突出的特点、个性和风格，既与众不同，又优于众者。特色班首先应具有其他所有教学班级的共性，进而才能发展出其独特性，并最终优于其他班级。此外，特色班应具有时代特色，其建设与管理应随着社会的进步而发展。

　　学校在结合特色班人才选拔机制的基础上，重视人才培养，才能更好地融合特色班建设。大学生进入高等院校之初，可以说处于相同的起跑线，但最终的培养结果却千差万别。深圳大学特色班选拔主要以大一新生为主，从入校时即灌输全新的教学理念，突出创新创业教育，积极发挥学生的学习主动性和创造性。此外，学生的发展离不开教师的引导和培养机制的完善，因此，加强教师教育能力提升与职业精神培养,以及建立健全竞争淘汰机制也是必不可少的。

五、优秀特色班案例分析

(一) ACCA国际会计创新班

本特色班旨在培养德智体美全面发展,具有广博的经济管理理论知识、深厚的会计专业基础和开阔的国际视野,熟悉各种财务、会计审计方法和国际通行的会计规则体系,专业英语功底扎实,能熟练运用计算机和会计软件,在大型企业集团、各类金融机构、政府机关、会计师事务所(尤其适合到跨国公司和国际会计师事务所)从事财务管理、会计核算和审计工作并具有职业道德的财务与会计的专门人才。

该项目把获得 ACCA 资格的 14 门课程全部嵌入教学体系。这 14 门课程采用全英文或双语教学。学生通过学校任课教师组织的考试即可获得相应的学分,修满培养方案规定的全部课程并取得学分后可申请毕业,并被授予管理学学士学位。学生可申请成为 ACCA 的学员、报考 ACCA 组织的统一考试,全部课程合格后可申请 ACCA 会员资格。ACCA 国际会计创新班单独成班,制定独立的培养方案,按国际标准培养具有国际职业水准的高素质会计专门人才;把 ACCA 职业资格证书和教学有机结合起来;学生毕业后可获深圳大学会计学专业毕业证书和管理学学士学位,通过 ACCA 组织的全部考试可申请获得 ACCA 资格证书。

ACCA 国际会计创新班从全校大一新生中招生,经过学生报名和学院组织的面试,与学院签订协议正式成为特色班的学生。特色班所在的经济学院成立的 ACCA 项目中心负责该项目的管理。项目中心负责联系 ACCA 国际会计组织或其办事处,通知 ACCA 考试信息,联系 ACCA 培训机构并协调上课、考前辅导,沟通教学过程中存在的问题。特色班学生与学校其他学生一样,需要遵守学校的规章制度、服从学校和学院的管理,按照培养方案的规定获得足够的学分方可毕业、获得学位,同时自主参加 ACCA 组织的考试,通过全部考试可申请获得 ACCA 资格证书。

(二) 数理金融实验班

"数理金融实验班"由经济学院和数学与计算科学学院联合培养,具有跨专业、复合型、精英化的培养特色。部分课程选用英语原版教材,采用全英教学或中英双语教学。为保证学生培养质量，实行淘汰制度。"数理金融实验班"的学生按该班培养方案要求，在四年学制内修满各类学分者可获相关专业本科毕业证书，符合学位授予条件者可同时获经济学学士学位和理学学士学位。

本特色班旨在使学生既能掌握现代金融领域前沿知识，又能熟练运用英语、数学及计算机技术等有效研究工具，具备适应现代金融发展所需要的定性及定量分析兼备的知识结构，能较好地进行金融衍生工具设计与开发、证券投资、期货投资、投资分析、银行经营、财务管理、保险精算等，可以在各类金融企业、事业单位、公司财务部门和政府部门从事金融业务和管理工作以及金融教育、科研工作，成为具有较高人文素质与科学素质、良好创新精神的复合型人才。

"数理金融实验班"是由经济学院和数学与计算科学学院的部分学生组成，与学籍有关的事宜按学生所在学院归口管理，其他事宜由经济学院统一负责，教学管理按"数理金融实验班"培养方案实行集中单班上课，由经济学院金融系统一安排专业实习及实训课。"数理金融实验班"是深圳大学的第一个特色班，经济学院和数学与计算科学学院对特色班非常重视，配置了优质的教师资源，严格执行淘汰机制，并关注在校生的学习及生活。

(三) 国学精英班

"深圳大学国学精英班"创办于 2012 年，在全校二次招生选拔优秀学生进行国学精英教育，成为学校教学、人才培养改革的第一个实验班。"国学精英班"旨在培养富于人文情怀与社会责任感，对传统国学的基础知识、重要典籍和治学门径有较全面的理解，能熟练阅读中国古典文献和外文，拥有文史哲等跨学科研究能力，德业双修且具备艺术涵养的高素质人文学科人才。

人文学院成立了"国学精英班"培养指导委员会，负责规划国学班的教学和管理模式，从宏观上进行指导。同时，人文学院还成立了"国学精英班"教学指导小组，具体贯彻实施学校和国学班培养指导委员会的工作意见，负责国学班的日常教学工作。"国学精英班"每年秋季二次招生，面向全校一、二年级学生公开招考，选拔大约二十名优秀学生进入国学班学习。选拔方式采取学生自愿申请的形式，进行语文能力倾向测试、组织专家面试、以高考成绩及第一学年成绩作为参考等多种方式对学生进行考查选拔，着重考查学生的综合能力、学术兴趣、创新精神、发展潜质以及意志品质等方面。

在培养机制方面，国学精英班采取小班授课的方式，并结合导师制，实施因材施教。班级规模在 25 人内，每 3 至 5 名学生配备 1 名导师，分学术导师(一、二年级)和专业导师(三、四年级)，按照"师徒式"进行培养，促进学生个性化发展。除了课堂学习外，一、二年级在暑期分别要进行和专业相关的实践考察学习。

在学生管理上方面，对国学班学生实行单独编班，配备优秀班主任和学术水平较高的专业导师，实行班级管理与导师管理相结合的学生管理模式。班级管理主要负责学生的思想建设、学习纪律、生活纪律，组织各类集体活动及班级成员的综合评价等；导师管理主要负责学生的人生引导、学业规划与指导，尤其是以导师的人格魅力和学术造诣给学生以启迪和濡染，促进学生全面、健康成长。

(四) 高级口译实验班

"高级口译实验班"立足精英教育，旨在培养可熟练掌握英汉两种工作语言，拥有广博知识和良好人文素养，了解中外社会与文化，熟悉翻译基础理论，熟练掌握交替传译和同声传译基本技能，了解口译市场需求和行业规范，具有良好职业道德，能够熟练运用现代翻译工具，胜任外事、经贸、教育、文化、科技等领域口译工作的高端人才。

"高级口译实验班"采用课内教师指导练习与课外高强度、大运动量、自主学习相结合的教学形式，总训练量达 2000 个磁带小时。采用中期淘汰制，第一学年结束后进行中期考核，考核不合格者取消第二年口译学习资格；考核通过者必须学满两年，中途不允许学生退学。该特色班定期邀请口译领域专家、学者讲学交流。顺利完成课程学习的学生将获得外国语学院颁发的"高级口译实验班"结业证书。

该特色班学制为两年，学生进入"高级口译实验班"后需接受每周 8 个课时的高强度交替传译与同声传译训练。同时，教学重视学生百科知识的积累与人文素养的培养，并按照专业化口译人才的培养方式，对学生进行以联络口译和会议口译为重点的经典交传、视译与同声传译训练。学院聘请高水平职业译员担任"高级口译实验班"兼职教师，为学生提供专业的翻译教学指导。"高级口译实验班"学员毕业前必须至少有五次陪同口译或会议口译经历。此外，学院允许并鼓励学生利用寒暑假到英语国家游历、进修。

(五) 工商管理创业精英班

本特色班旨在培养具有国际化视野，系统掌握现代企业管理理论、知识和方法，熟悉商事法规和政策，具有创新开拓理念、营商知识技能及社会活动能力，能熟练运用 IT 技术，掌握一门外国语，适应社会经济发展需要的复合型高级创新创业型管理人才。

工商管理创业精英班以创新策划及创业活动的实施为核心，强化学生的实践环节，并由项目组实行导师制完成创新策划并指导实施过程。同时，联合企业和深圳大学创业中心的孵化器共同扶持资助优秀项目的启动。学生按照创业精英班课程计划完成相应学分可获取深圳大学颁发的工商管理专业创业精英班双学位证书及管理学院颁发的创业精英班证书。

特色班生源来自深圳大学各专业的、有志于未来创业的优秀学生。有意参加本计划的学生需提出申请，参加面试择优录取。申请时间和申请程序参考普通双学位的申请时间和申请程序，本学院本专业学生申请创英计划的时间和程序相同，面试由项目专业的招生评审委员会组织实施。师资团队由管理学院跨专业的优秀师资组成。协作团队由教务处、招生就业办以及深圳大学学生创业园组成。项目组织由工商管理系统筹安排，已经搭建了项目的网络平台。未来该项目将实行类似 MBA 的专业化管理，项目专职或兼职的负责人负责管理。工商管理创业精英班为有创业激情和梦想的同学提供了一个良好的平台。

加强特色班教学模式的建设，对于加强深圳大学创新创业教育，培养高素质创新型人才具有十分重要的意义。特色班建设，是一个系统的工程，需要高校根据自身优势积极探索与实践。特色班教学模式的发展离不开健全的机制、优良的师资、规范的教学过程以及严格的质量监控。随着时间的推移，特色班必将在高校创新创业教育领域扮演更为重要的角色。

第六节　教育实践创新工作促进团队的建构

高校教育实践创新工作的实施，有助于创新工作团队的建构。通过高校各团队的建构，可以进一步促进教育实践创新工作。以深圳大学为例，工作团队的建构主要包括六个方面。

一、协同科研教学团队的建构

围绕当前高校本科教学人才培养体系，学生能力培养方面主要注重培养学生的基本能力、专业发展能力、实践能力和综合能力。通过大学专业的学习，当前用人单位都希望学生在岗位上能成为"素质好、基础好、上手快、转型快的事业骨干和创新型人才"。高校在本科教育实践创新教学工作方面，需搭建4个平台，主要包括课堂理论教学平台、实践教学平台、能力施展平台和学校企业合作教学平台。结合这一培养方案架构，在加强学生专业技术交流的同时，更需明确在教学过程中教育实践创新科研团队的建构及教师所扮演的角色，组成学生专业素养团队、实践教学团队、综合素质培养团队。每一位教师可以是所在团队的一位成员，也可以是另一个团队的协同教学科研工作者。

二、教育实践创新教学团队的建构

构建教育实践创新教学团队有助于促进教学改革工作不断地深入，实践教学在高校的人才培养体系中占有重要地位。通过实践教学，能够进一步提高高校学生在应用和动手方面的实践能力，使学生的专业技术技能发展与当代先进技术发展保持同步。为能有效借鉴国际知名大学先进的实践经验，依据英国牛津大学相关工程专业人才培养模式，可以在各理科专业设置专业实践技术技能学分。为进一步促进学生专业技能的发展，提高研究的能力，高校需根据教学改革的目标，开设创新系列课程、创新研究短课，加强课内课外的实践教学团队建设。在深圳大学本科教学团队工作方案中，以校外实习基地为组成单元，建立了近20个实习基地，在本科教学工作中基本能够满足学生实践需要。本科教学团队的主要成员基本由相关实验基地负责人担任，并与本科专业团队的相关教师建立了紧密的合作关系。为使本科教学实践环节能够有效地实施，实践教学团队主要负责人需根据教学内容和人才培养体系，制订实践教学方案，在教学方案中明确实践教学目标，切实做到实践教学各个环节层层落实，教学方案中还须细化各实践教学环节的教学内容、要求和考核办法，加强深圳大学本科教育实践创新教学指导工作的力度。

近年深圳大学在教育实践创新工作方面深化的同时，根据有关专业课程的特点，针对学生的兴趣和爱好，专门开设了实践类专题研究型课程，该课程以专题研究的方式组织课程教学，要求学生要有相关专业的理论背景，并结合本人的特长和实际去修读。该课程的特点就是将科学研究方法和实践创新能力的培养融合于本科课程教学过程中，培养学生创新思维的形成，并运用科学研究方法和思维去解决专业实际问题，进一步提高学生综合运用知识的能力和创新能力。专题性研究课程的主要特征是：①课程的研究性；②课程的自主性；③课程的开放性；④课程学习的合作性。

深圳大学所开设的专题性研究课程在教学过程中强调团队合作，主要包括教师与教师之间的相互合作、教师与学生之间的相互合作以及学生与学生之间的相互合作。这"三互"的合作，让学生在知识综合运用、专业实践动手和教学团队协作等方面均取得了明显进步，特别是在利用现代科学技术手段解决问题的能力方面得到了有效的提高，这促进了深圳大学学生专业素养的提升。

三、专业教学团队的建构

专业教学团队的教学任务是提高学生整体专业素质，促进深圳大学本科生专业的发展，进一步树立实践创新的意识。在教学改革工作中，以教育实践创新为中心，加强深圳大学课堂教学组织管理工作，进一步提高课堂本科教学质量。本科专业教学团队中采取责任制，由相关课程责任人组织并管理课堂教学，确保专业培养方案的有效实施。本科专业团队成员根据个人的研究专长分时分段参与本科课程教学工作。教师之间实行"三互动"，即相互听课、相互讨论、相互评价。专业教学团队一起参与教研活动，内容包括学科培训、学生评教、学科讨论、同行评价等。深圳大学专门设立"聚徒类项目"，旨在以老带新，加强教师之间的沟通，进一步提高专业教学水平和教学质量。

四、创新活动团队的建构

深圳大学教学改革工作的深入，旨在促进学生创新思维的形成。专业教育注重创新，就是强调教育思想、学科专业知识、创新思维和实践能力融为一体。高校需提供一个较好的软环境以利于团队创新的发展。高校如果缺少相关科研软实力，不能紧跟当前学科教学发展的前沿，就无法进行创新型人才培养和实践工作。在本科教学改革工作中，学生专业发展要注重三个方面：一要提高学生的综合素质；二要培养学生的实践能力；三要训练学生的创新思维方法。

创新平台和创新团队是紧密结合在一起的，科学技术创新平台和相应的必要硬件条件是专业人才发挥作用、施展才华的物质基础。当前，深圳大学正在加强基础建设，建设一流的科技平台和硬件条件，以吸引和稳定高水平科研人才队伍，进一步促进科研创新团队的发展。这需要学校加大投入力度，同时要充分抓住当前国家要建设为创新型国家的战略机遇，以更大的魄力和潜能，采用超常规方式加强深圳大学科技创新平台建设，实现深圳大学专业创新团队、专业创新平台建设。

五、教学工作中协同教育理念的建构

(一) 如何理解知识教育的协同

在知识教育中，以协同创新理念为指导，可以消除不同学科、不同课程之间的障碍，理顺不同知识点之间的关系，协同各学科知识结构，这样学生在学习过程中学到的知识构成就不再是单一和割裂的。协同教育理念的建构路径如下。

(1) 对学科课程进行聚类管理，课程管理的方式为归口管理，进一步加强课程库类的建设和发展。建立知识教育协同体系，以制度保障的方式搭建不同学科课程协同的平台，并促进教学过程中知识的协同。

(2) 在课程设计的教育实践创新教学环节中，设计的内容不再是单一的、仅针对某一门课程的课例设计，教学内容尽量覆盖学生在校所学的各门类课程的相关知识。通过教学环节，实现课内与课外、基础理论与相关应用技能知识的有效协同。

(二) 实践教学中，专业技能与专业素养的有效协同

为了进一步提高深圳大学本科专业创新型人才的实践能力，使学生所掌握的专业技术技能与当前先进专业技术协同发展，深圳大学鼓励各理工科专业设置专业技术技能学分。该学分是实践教学环节中的选修学分，可进一步加强在校大学生的动手实践能力，通过协同课内与课外的培养方式，达到专业技能与专业素养的协同。这项教学改革，有利于本科生掌握先进的设备，如状态测试、表征仪器等设备的使用，大大提高了深圳大学学生的就业竞争力。以 2009 年为例，深圳大学化学化工和机电控制等四个学院根据专业的特点为相关专业的学生设置了实验技术技能学分，给予相应的指导，并以课程形式向本院本科生授课，促进了该专业学生的专业发展，进一步加强了课内与课外的协同，并获得了学生的喜爱。

(三) 实践教学改革方面与创新的协同，提升学生创新研究能力

为提高理工科专业本科学生知识综合应用与实践创新能力，深圳大学非常重视教学实践环节与创新思维培养的协同，旨在探索深圳大学素质教育应用型专业人才的培养方法。深圳大学鼓励教师对专业实践教学环节、方式和实践内容进行全方位的改革创新。2009 年以来，深圳大学每个学年都开设近二十余门的"专题研究型"课程，为相关学生提供了一个更高层次、更有挑战性的工程实践创新平台，以实现本科实践教学多元化和层次化。"专题研究型"课程具有专业研究性、专业自生性、专业开放性、专业合作性等特征。该类课程在教学环节中要求这几方面相互协同，以提高学生运用综合知识和协同创新的能力。

协同创新已经成为深圳大学新的生长点，拓宽专业、整合课程、夯实基础、实现科学与人文的结合和教学与科研的结合，已经成为深圳大学人才培养和教学改革的重点。

(四) 以"创新研究短课"和"聚徒教学"为创新载体，实施科教融合有效协同

围绕高等教育亟待解决的核心问题，深圳大学立足于学校实际，通过借鉴海外知名大学精英人才培养模式、汲取中国传统书院教育思想精华，探索以"创新研究短课"和"聚徒教学"为载体的教研融合教育实践创新，形成了学术研究与人才培养、科研与教学间融合发展、良性互促的关系。"创新研究短课"将科研项目课程化，使本科生提前接触科学研究，培养学生发现问题和理解问题的能力；"聚徒教学"将学术研究泛在化，使学生的学术兴趣发展与教师引导有效对接，培养学生探究问题和解决问题的能力。通过"短课"引导学生入"学术门"，激发学生个体兴趣、启发创新思维，继以"聚徒"拓展学术研究深度，形成递进式创新人才培养过程，构建了科教融合的新的培养体系，既实现了科教互利互融，又体现了因材施教和教学相长。这种新模式真正将科教融合落到实处，将内涵发展和质量提升落到实处，将创新人才培养落到实处。

深圳大学在原聚徒教学项目与导师制基础上，赋予"聚徒"新内涵与新要求，打造"聚徒教学"升级版，构建"聚徒+"创新教育模式，修订《深圳大学关于聚徒教学的实施意见》。"聚徒+"创新教育模式分为"聚徒+创研""聚徒+实践""聚徒+创客"和"聚徒+悦读"四大模块，特点在于将导师的科研项目融入教学，使本科生获得初级的科研能力，实现科教互融；突破时间和空间

的限制，打破年级和学科的壁垒，实现泛化的教学；创新教学方式，通过研究型学习激发学生自主学习能力，实现以"教"为中心向以"学"为中心的转变；以"师带徒"的模式提供师生直接交流的平台，增进师生感情，实现学术经验传承。深圳大学于 2018 年 6 月正式实施"聚徒+"创新教育模式，并开展了 2018 年度聚徒导师申报工作，新增聚徒导师 41 名，延续聚徒项目 35 项。目前，对征集的成果进行分类整理，遴选出"优秀聚徒成果"10 项；开展"聚徒导师"申报和"聚徒高级导师"申报工作，新增聚徒高级导师 4 人(现在全校共有聚徒高级导师 7 人)、聚徒导师 73 人、"聚徒+"创新项目 81 项，其中新增类 31 项，延续类 50 项。深圳大学于 2019 年 11 月组织召开"聚徒教学"研讨会，推广和宣传"聚徒+"创新教育模式，以促进"聚徒+"教学经验和成果的交流。

为贯彻落实国家相关文件精神，以产业和技术发展的最新需求推动高校人才培养改革，进一步将教育实践创新精神运用到深圳大学本科教学管理工作中，深圳大学积极参与教育部产学合作协同育人项目申报与建设工作。2018 年，深圳大学"新工科人才培养模式改革与实践"等 32 个项目获批教育部产学合作协同育人项目，项目类型丰富，包括教学内容和课程体系改革、创新创业教育改革、实践条件和实践基地建设、新工科建设专题、师资培训等类别。

总之，高校要构建本科学生科技创新与学术交流合作平台，构建好相关团队建设，加强研究型学习制度体系建设，推动落实本科创新人才培养。深圳大学于 2018 年 5 月启动首届本科生学术论坛，并计划每年定期开展，形成品牌学术活动，通过一系列的讲座和学术活动及团队建构，产生一批高水平学术论文，活跃本科生学术氛围，提升学生学习动力，促进学校创新型人才培养，进一步提升学生创新思维水平。深圳大学本科生学术论坛是代表深圳大学本科生最高水平的年度学术展会，集中发布学校各类科技创新项目(大学生创新创业计划项目、大学生挑战杯项目、学生创新发展基金基础实验项目、大学生学科竞赛项目、寒暑假社会实践项目等)产生的学术科技作品。该论坛的宗旨是：激励学术研究、促进学术交流、培养创新能力。

第七节　教育实践创新促进课程思政建设

习近平总书记在党的二十大报告中明确了中国式现代化的本质要求："坚

持中国共产党领导，坚持中国特色社会主义，实现高质量发展，发展全过程人民民主，丰富人民精神世界，实现全体人民共同富裕，促进人与自然和谐共生，推动构建人类命运共同体，创造人类文明新形态。"高校作为创新人才培养高地，需不断深化高校创新人才培养体系改革，全面贯彻党的教育方针，以全面覆盖、分类指导和学生中心为基本原则，加强课程思政建设，将思想政治教育贯穿于人才培养体系，如图 6-2 所示，将价值引领贯穿教育教学全过程，紧紧抓住教师队伍"主力军"、课程建设"主战场"、课堂教学"主渠道"，构建全员、全程、全方位育人大格局，不断提升创新人才培养课程思政的科学性、人文性、学生主体性等价值向度，打造有政治高度、理论深度和情感温度的创新培育体系，增强学生获得感和教师成就感，将社会主义办学思想融入创新人才培养教学管理工作中，树立马克思主义思想在创新人才培育意识形态领域的指导地位，为培养担当民族复兴大任的时代新人提供有力的精神支撑。

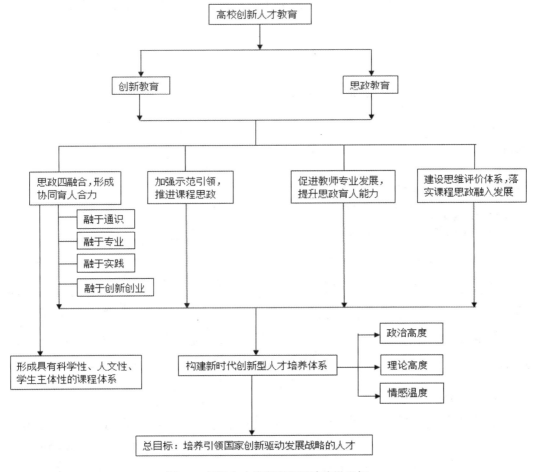

图6-2　创新人才培育课程思政建设目标

一、构建"思政四融合"体系

为全面深入推进课程思政建设，加强教育实践创新在教学工作中的作用，提升课程质量和立德树人实效，深圳大学从顶层设计、课程体系建设等方面开展工作。

(一) 顶层设计，统筹规划"课程思政"建设工作

《深圳大学一流本科教育行动方案(2020—2025)》中明确将课程思政作为学校一流本科建设的重点工程。2019 年深圳大学研究制定了《深圳大学关于推进课程思政建设工作的实施方案》，将思政课程、通识课程、专业课程和社会实践育人相结合，实现从"思政课程"主渠道向"课程思政"立体化协同育人的扩展。为进一步加强顶层设计，全面规划、循序渐进、以点带面和深入推进。2021 年底深圳大学研究制定了校级文件《深圳大学关于全面深化课程思政建设实施方案》，从指导思想、建设目标、基本原则、建设内容、组织与保障五方面对学校全面深化课程思政建设提出具体要求。

(二) 构建"思政四融合"课程体系，形成协同育人合力

深圳大学以通识教育、专业教育、实践教育和双创教育为基础，分类指导、合理融入，构建"思政四融合"课程体系。

1. 融思政于通识教育

深圳大学现已开设涵盖人文艺术、社会科学、自然科学、生命科学、创新创业和中华文化等公共课程 1000 余门，依托人文学院、艺术学部、文化产业研究院等开设文化美育专题类课程，在美育和文化教育中提升审美素养、陶冶情操、温润心灵、涵养品德；开展 200 余门种类丰富的体育俱乐部课程，包括保龄球、高尔夫、壁球、跆拳道等多种运动项目；开设大学生心理健康系列课程，着力培育学生理性平和、积极向上的健康心态，促进学生心理健康素质、思想道德素质与科学文化素质的协调发展。

2. 融思政于专业教育

深圳大学对各学科专业开展课程思政教育以进行精细指导，引导专业课程教学团队积极挖掘专业课程的思政元素，把握适度、恰当、自然渗透的原则，避免单向灌输和强贴标签，结合课程特点适时融入家国情怀、社会责任、道德

规范、法治意识、科学精神等德育元素，将价值引领贯穿专业教学之中。深圳大学还组织动员各学院单位积极参与学校、省级和国家级课程思政相关的课程教学类比赛，并取得了丰硕成果。目前各学院均有省、市级优秀、示范类课程思政项目。其中，土木与交通学院"混凝土结构设计原理课程教学团队"被评为省级示范团队；工程制度、宏观经济学等专业核心课被评为省级示范课程。

3. 融思政于实践教育

深圳大学统筹思想政治理论课实践教学，立足深圳经济特区建设的历史与成就，建设思政教育实践基地，增加思政课教师参与指导学生学习的机会，拓宽教学阵地。同时，深圳大学鼓励各教学单位结合学科专业特色，建立相对稳定的实践育人基地，开展丰富有效的思政课外实践，遴选出 50 个校外实践教学基地作为思政教育试点基地。在此基础上，统筹党委宣传部、共青团、深圳大学、马克思主义学院和各院系联合搭建多种实践育人平台，融入"双区元素"和"窗口特色"，每学年定期开展大学生暑期社会实践活动，进行爱国主义教育、革命传统教育、社会主义核心价值观教育等思想教育活动，培养学生的国家意识、法治意识、社会责任意识，为学生创造丰富的实践锻炼机会，帮助学生在实践中受教育、做贡献、长才干。

4. 融思政于双创教育

深圳大学作为国家创新创业示范校，依托大湾区国际创新学院、创新创业教育中心，不断深化创新创业教育改革，研究制定了《深圳大学关于全面加强新时代创新创业教育的实施意见》，充分挖掘双创教育中的课程思政元素，以学生创新精神、创业意识和创新创业能力培养为重点，构建创新创业教育培养体系，引导学生践行自立自律自强的校训精神，磨炼不甘平庸、进取向上、追求卓越的精神品质，为学生树立正确择业观，提升就业创业能力，促进学生全面发展。此外，深圳大学常态化组织开展大学生课外学术科技和创新创业竞赛，扎实推进"互联网+""挑战杯""青年红色筑梦之旅"、大学生创新创业训练计划、一院一赛、创业园项目孵化等工作的有效实施，扩大覆盖面，促进项目落地转化，并开展"创业+扶贫"实践活动，培养创新创业特色人才。

二、推进实施"四个一"试点立项

深圳大学推进实施课程思政"四个一"试点工作，通过试点工作引导不同学科专业、不同类型课程，立足专业特色和课程育人特点开展课程思政改革，建成一批课程思政优质课程资源，推出一批教学效果良好的教学案例；引导广大教师积极自觉投入课程思政建设改革，积极探索创新课程思政改革方法路径，形成具有推广价值的经验做法和高质量的研究成果；遴选一批在课程思政理论研究、资源建设、教学实践等方面有突出成果的团队、课程、课堂，树立典型示范，推荐参评广东省课程思政改革示范项目和国家级、省级一流本科课程。

2021年9月，深圳大学组织开展2021年课程思政"四个一"试点项目建设工作，包括试点专业、试点团队、试点课程和试点课堂四类。经学院(部)申报、深圳大学审核，最终确定立项课程思政试点专业41个、试点团队52个、试点课程63门、试点课堂60个，实现每个学院多个专业，每个专业多个试点团队、多门课程和多个课堂。

基于试点工作，各学院(部)还积极参与各级各类课程思政相关项目的申报和建设：深圳大学11个项目获批2021年度广东省课程思政建设改革示范项目；在广东省高等学校教学管理学会2021年度课程思政建设项目推荐中，深圳大学作为牵头单位申报了6个项目，作为联合高校参与了10个项目；推荐了3个优秀案例参评2021年省级本科高校课程思政改革优秀案例；目前正积极申报深圳市第二届思政课改革创新系列优秀成果和深圳市思政教育示范学校。

三、开展丰富的教师发展项目

为进一步提高深圳大学教师教书育人的能力水平并加强课程思政的实施效果，深圳大学积极发掘专业课思想政治教育资源，将课程思政纳入教师岗前培训、在岗培训和师德师风、教学能力专题培训等，依托教师教学发展中心持续开展师道论坛、师术讲座、师学课堂、师说茶会等教师教学系列品牌活动，更新教育教学理念，加深教师对课程思政的认识和理解，推进学校课程思政教学研究与改革，加强教师思想道德建设，提升教师职业修养，提高教师将价值引领、人文精神、职业素养等融入教育教学全过程的能力。

学校还搭建了课程思政建设交流平台，组织各教学单位深入学习教育部《高等学校课程思政建设指导纲要》文件精神，结合各专业特色开展课程思政交流研讨，如2021年5月深圳大学医学部承办"礼赞祖国——抗疫与人文护理教育教学改革暨课程思政建设会议"，对更好地推动人文护理教育教学改革和课程思政建设的发展起到了积极作用。

四、建设多维评价监督机制

深圳大学完善课程矩阵，将课程思政要求落实到每一门课程：结合《深圳大学关于修订 2021 级本科人才培养方案的指导性意见》，围绕"品格塑造、能力培养、知识掌握"的育人目标，对全校各专业的本科人才培养的方案进行系统梳理，制作专业课程教学目标矩阵图。将课程思政融入课堂教学建设，作为课程设置、教学大纲核准和教案评价的重要内容，落实到课程目标设计、教学大纲修订、教材编审选用、教案课件编写各方面，贯穿于课堂授课、教学研讨、实验实训、作业论文各环节。

同时，深圳大学完善了教学检查与听课制度，突出课程思政评价指标：修订完善了《深圳大学本科教学检查和听课管理办法(修订)》。新的管理办法将突出对立德树人和课程思政教学效果的评价。深圳大学将开展校领导听课、教学督导听课、院系领导听课、同行听课等听课活动，并在听课评价表中增加立德树人效果指标和课程思政内涵，同时做好评价结果统计和反馈改进工作。深圳大学还将组织本科教学督导团专家开展期中教学检查，抽查包括教学大纲在内的各类教学档案，着重检查教学大纲中课程思政点的体现及其融入方式。

五、建设思政MOOC课程群

深圳大学认真贯彻落实习近平总书记在全国高校思想政治工作会议上的重要讲话精神，用好课堂教学主渠道，加强和改进思想政治理论课教学。在移动互联网时代，要不断推动思政课教学同信息技术的高度融合，打造具有广大特色的课程体系，提升思想政治教育的亲和力和针对性，增强思想政治理论课程教学的时代感和吸引力，努力把思政课打造得既"红"又"鲜"。

深圳大学依托"全国地方高校优课联盟"和优课在线平台，联合全国高校思想政治理论课名师工作室联盟，实施思政课程改革计划，推动教育教学模式改革，以新媒体新技术为支撑，综合使用 MOOC、SPOC、大数据、翻转课堂、混合教学等方法，拓展"互联网+思政课程"创新的实施路径。深圳大学一方面支持和资助本校教师建设思政 MOOC，打造品牌思政开放课，将高校思政理论教育"4+1"核心课程与思政通识课相结合，不断建设和丰富思政主题课程群；另一方面鼓励教师利用各大 MOOC 平台和丰富的校外 MOOC 资源，积极开展思政课教学改革，通过线上+线下的混合教学等方式改变传统教学方法，提高学生的学习兴趣和参与性。

深圳大学依托广东省高校思想政治理论课教学研究基地、深圳市高校思政教育工作中心等平台，面向区域高校开放教学资源，推动实现教学资源共建共享。

六、开设"荔园论坛"

形势与政策课程是高校思政理论教育"4+1"核心课程中的"1"，是对学生进行形势与政策教育的理论主渠道，具有重要的作用，然而长期以来，该课程的教学并未发挥应有作用，未能达到理想的效果。针对深圳大学形势与政策课程教学中的诸多问题，深圳大学计划面向全校本科生开设"荔园论坛"，以系列讲座的形式打造独具特色的形势与政策思政课。

形势与政策是一门涉及领域广、内容动态性强的课程，它备受大学生关注，与社会实际和大学生思想紧密相连，且常讲常新。因此，高校需要针对课程的特点适时创新教学模式和教学设计，以适应形势的变化，提高教学的针对性与时效性。

"荔园论坛"将紧扣形势与政策教学内容，深入贯彻习近平新时代中国特色社会主义思想和党的二十大精神，从中国特色社会主义经济、政治、文化、社会、生态文明建设"五位一体"总体布局出发，通过专题化的教学内容和方式，教育引导学生树立"四个正确认识"，不断坚定中国特色社会主义"四个自信"。不同于传统思政课堂，论坛将邀请各界领导、思政教育专家、知名学者等以专题讲座的形式进行，专题内容将聚焦当今社会热点和国家重大战略发展方向，如着眼国家政策的"'一带一路'的战略利益"、聚焦经济建设的"全球化与中国对外投资"、围绕生态文明展开的"能源革命与中国可持续发展"、关注社会建设的"互联网时代的社会治理"等。

七、建设思政教学实践基地

思政课校外实践教学是高校思想政治理论课教学的重要组成部分，是大学生在学习思想政治理论课程的基础上，培养创新能力、组织协调能力、认知能力等重要能力的有效渠道。促进学校教育和社会教育相结合，充分利用典型素材和鲜活案例，增强深圳大学思想政治理论课教育教学的针对性和实效性，能够帮助学生理解和巩固课堂上所学到的知识，引导学生自觉地、系统地掌握和运用马克思主义理论来分析和解决实际问题，进一步凸显深圳大学大学生思想政治教育的特色和优势。深圳大学通过建设稳定的实践教学基地，积极争取社会支持，整合实践教学资源，为拓展思想政治教育渠道提供了很好的平台，也有助于大学生接触社会、了解社会，增强社会责任感和适应能力。

　　未来，深圳大学将积极推动思政理论课堂教学与实践教学相结合，拓展思政课程的教学实践内容与形式，在驻港部队、招商蛇口工业区、南岭村、深圳证交所、前海自贸区等建立体现"特区大学"特色的思政教育基地。此外，深圳大学还将积极争取教育部思想政治工作司的指导支持，构建全国地方高校思政教育和文化育人的协作机制与交流平台。

第七章

以教育实践创新促进学校信息化建设

在当前信息化背景下，高校应推动教育实践创新，以促进高校信息化水平的提升，并完善高校教学信息化管理制度，实现教育实践创新与学校信息化之间的紧密互动与相互促进。

第一节　高校教学管理信息化建设的意义

目前国内高校教学管理信息化水平参差不齐，提升高校教学管理信息化水平的重要意义主要有五点。第一，可减少线上线下教学资源的浪费。按照以往的教学资源管理方式，线上线下资源无法统一进行管理。利用线上网络平台进行管理，可将教学资源上传至虚拟云盘，供教师与学生随时查阅，这既能节省时间，又能减少资源浪费。第二，可明确各项管理工作流程。在线教学管理系统的使用，简化了师生办事流程，提升了教学管理工作的效率和透明度。第三，能够促进管理人员、教师与学生的联系。通过运用信息化管理手段，使三者能够在统一的平台上进行高效的沟通和意见反馈。第四，能够改善教学管理缺陷，实现精细化和标准化管理。对教学过程的数据信息进行完整的记录，以此来规范教学环节，并且能够为各种管理决策提供科学的数据支撑。第五，有助于教学管理模式的革新。当出现像新冠肺炎疫情这样突发的情况时，教学管理人员、教师、学生以及督导专家，可以不受时间和地点的约束，在线上进行各类教学、管理、监督等活动。这不仅充分说明了信息化建设的意义，而且让我们意识到高校的信息化建设不应仅作为一种面对突发情况的应急策略，更应该作为常态化发展的重要目标，通过这种持续性发展推动教学管理模式的改革。虽然当前高校信息化建设取得了一定的成绩，但仍然存在不足，这正是我们教学管理人员接下来要认真研究和解决的难题。

高校教学管理工作是我国高等教育的重要组成部分，其根本任务是人才培养。从党的十八大报告提出"推进高等教育内涵式发展"，到党的十九大报告提出"实现高等教育内涵式发展"，可以说，高等教育内涵式发展政策的实施需要从宏观和微观两个层面形成合力。其中，微观层面的内涵式发展要求以人才培养为中心，建设性地开展人才培养模式改革的探索与实践。

当前对学生的培养采用的是统一齐步走的培养模式，缺少个性化培养。随着国家经济的不断发展，国家对人才的需求日益多样化、专业化和创新化。要实现这个目标就要实行通识教育，促进个性发展，让通识教育与个性发展相结合。这促使学校不断探索新型的培养模式、培养方案和评价模式，同时完善课程体系，并持续改进现有的管理模式以适应市场的发展。教务管理系统在当前也面临着诸多挑战和机遇。传统的教务系统难以满足新的教学改革的要求，亟需设计一套全新的教务管理与服务一体化平台来支撑学校教学改革措施快速落地。随着现代高校教育行业的发展，在当前人才培养新形势下，高校教学工作面临着由经济社会变革提出的新挑战、由教育改革进程加快提出的新目标和当代大学发展的新诉求。

随着创新驱动发展战略的实施，对于拔尖创新人才的培养，高校的教务管理工作是教育过程中一个极为重要的环节，是整个学校业务管理的核心和基础。教务管理水平直接影响着教育水平，以及学校的整体发展。高校教务管理系统的建设旨在提高学校管理效率，而随着教学改革和信息技术的发展，教务管理系统也在不断升级和完善。

高校应围绕教学业务管理工作，构建满足教学业务管理需求、融入先进互联网服务方式的服务化、组件化、模块化的教务服务应用，以支持学校完全学分制的教学管理模式，满足学校教学业务工作相关部门的业务管理需求。在提升学校管理水平和效率的同时，进一步完善学校的信息化管理应用平台。

第二节 教育实践创新提高学校信息化水平

数字化水平的提高促进了高校信息化的发展，大大提升了高校教学管理信息化的灵活性和科学性。高校教学管理系统建设应与数字化校园有机融合。高校在系统开发和维护方面，应设立庞大的信息技术服务中心，对整个学校的教学信息化提供技术支持。以深圳大学为例，近几年深圳大学在信息化水平方面得到了长足的发展。

一、智慧校园的建设

深圳大学"智慧校园"核心业务系统项目于 2017 年开始陆续开发完成并上线运行。目前，"网上办事大厅"上线各类应用 320 余个，其中 2022 年完成新增应用 50 个，已将教务/本科、研究生、人事、公共服务等四大核心业务数据实现融合，通过统一的数据交换平台进行数据集中流转，重点保障选课、研招、迎新等高并发业务，完成了 49.5 万门次的选课、1.2 万新生的入校流程，每日服务师生 6 万人次。

二、推动智慧教室建设，提升教学硬件条件

为实现教育现代化，特别是教育信息化，深圳大学牵头联合信息中心、纪检部、后勤部、深大设计院等，积极推动信息化与教育教学的深度融合，促进传统教学方式向研讨式、参与式转变。同时积极探索学校智慧教室设计与建设工作，并跟进西丽二期智慧教室建设及后海校区教学楼维修改造工程中智慧教室后期建设，为提升教室教学方法和教学效果创造硬件方面的条件。

三、大数据分析与处理

深圳大学正在规划建设大数据中心，运用质量评估方法开展大数据治理，推进数据标准化和管理制度建设，规范开展数据交换共享业务，实现数据交换业务线上审核并完善共享业务的网上审核流程，以促进学校各部门之间的数据互联互通。

深圳大学在新建的丽湖校区建设了智慧教室管理控制中心，该中心具有实时监控、远程管理、督导巡课、设备运维等功能，后台通过 LED 大屏可实时展现所有校区的智慧教室上课实况，集成了所有智慧教室的远程控制、物联网显示、课表系统、教室状态、教室使用统计、设备故障日记、计划任务等各类大数据，主界面图表可以实时刷新两大校区的教室状态及课程模式占比。

四、信创产业产教融合发展

深圳大学长期与腾讯、华为等头部企业开展合作，共同致力于推动信创产业产教融合发展。

疫情期间，为保证在线教学顺利实施，提升线上教学质量和教学效率，增强学生的学习效果，深圳大学积极协调腾讯公司为深圳大学师生定制开发了"腾讯会议深大教育版"，并将学校近 4000 门课程的选课信息与"腾讯会议深大教育版"对接，建立了相应班级和虚拟课堂，使其成为学校最受欢迎的在线直播教学平台之一。

为了大力推进深圳大学智慧教室建设，深圳大学信息中心和华为公司开展了产教合作研发，借助华为智慧屏、移动互联网等技术，构建智能化、个性化、多元化的智慧教室，支持学生进行体验式、探究式、小组协作活动，拓展学习的广度和深度。目前已建成远程互动和小组研讨两种智慧教室 120 间，为学校开展智慧教学提供了优越的条件。同时，通过深圳市高校教育信息化学会及深圳市数字创意与多媒体行业协会等平台，深圳大学联合了一大批教育信息化企业，共同搭建了深圳市多媒体与虚拟显示公共技术服务平台。该平台不仅面向企业开展咨询和协同研发服务，还结合教育实践创新人才培养模式，进一步深化了深圳大学教育改革。

五、拓展互联网与思政课程创新的实施路径

深圳大学依托 MOOC 平台，拓展"互联网+思政课程"的创新实施路径，同时开设包括思政、中国传统文化及形势政策在内的多门慕课，并面向区域高校开放思政教学资料。现将具体情况汇报如下。

(一) 思政慕课建设情况

截至 2023 年 5 月，深圳大学在 MOOC 平台上共有 1 门思政慕课：思想道德与法治，累计开课 36 期，累计选课 9513 人次(见图 7-1~图 7-4)。

综合统计　学习进度　讨论互动　教学工作　课程资源　学生成绩

课程概览

529	11	64	7298	706.95	92.46%
选课人数	选课学生学校数	任务点数	累计互动次数	视频平均观看时长(分钟)	平均学习进度

教师发公告数	2	教师互动次数	35	教师累计登录次数	218
测验作业数	10	测验作业用题数	100	完成测验作业人数	515
考试数	1	考试用题数	85	参与考试人数	505
课程通过人数	477	参与互动人数	294	参与互动人数比例	55.58%
教学资源总数	114	视频总时长（分钟）	760.77	题库题目总数	527

图7-1　思想道德与法治课程2018年春季学期末结课数据

340	11	57	9334	609.4	87.17%
选课人数	选课学生学校数	任务点数	累计互动次数	视频平均观看时长(分钟)	平均学习进度

教师发公告数	5	教师互动次数	148	教师累计登录次数	238
测验作业数	8	测验作业用题数	80	完成测验作业人数	307
考试数	1	考试用题数	85	参与考试人数	298
课程通过人数	292	参与互动人数	251	参与互动人数比例	73.82%
教学资源总数	62	视频总时长（分钟）	697.35	题库题目总数	643

图7-2　思想道德与法治课程2018年秋季学期末结课数据

256	11	57	7208	549.11	78.52%
选课人数	选课学生学校数	任务点数	累计互动次数	视频平均观看时长(分钟)	平均学习进度

教师发公告数	7	教师互动次数	79	教师累计登录次数	145
测验作业数	8	测验作业用题数	80	完成测验作业人数	214
考试数	1	考试用题数	85	参与考试人数	212
课程通过人数	185	参与互动人数	168	参与互动人数比例	65.63%
教学资源总数	62	视频总时长（分钟）	697.33	题库题目总数	643

图7-3　思想道德与法治课程2019年春季学期末结课数据

图7-4　思想道德与法治课程门户界面

　　该课由深圳大学刘志山教授开设，是高校思想政治理论课主干课程之一，旨在让大学生掌握思想道德修养和法律相关的理论知识，帮助大学生提高思想道德素质，增强大学生社会主义法制观念，解决大学生在成长、成才之路中遇到的道德和法律实际问题，促进大学生全面发展。

　　该课程累计开课 36 期，具体情况如下。

　　MOOC 学分课开课 10 次，累计选课 3007 人次，其中深大学生选课 1906 人次；35 所联盟高校学生选课 1009 人次；疫情期间 16 所非联盟高校学生选课 92 人次；平台上师生累计互动 49 859 次。

　　SPOC 课程开课 26 次，累计选课 6506 人次，其中深大学生选课 5404 人次；深圳市教师培训选课 1100 人次；香港中文大学(深圳)选课 2 人次；平台上师生累计互动 1355 次。

(二) 中国传统文化慕课建设情况

截至目前，深圳大学在 MOOC 平台上共有 13 门中国传统文化慕课，课程分别为：唐宋词与人生、金瓶梅人物写真、茶与生活、资治通鉴与传统政治文化、中国政治智慧、天地大儒王船山、品读聊斋、春秋今见、品诗论史、《庄子》精讲、国学经典讲读、史记与古代文明、老子的智慧(图 7-5)。

MOOC 平台运行 17 学期以来，该类别课程学分课累计开课 153 期，累计选课 45 647 人次，其中深大学生累计选课 17 143 人次，其余 82 所联盟高校学生累计选课 28 504 人次；累计获学分 29 114 人次，前 16 学期获学分比例为63.78%；平台上师生累计互动 635 548 次。

疫情期间来自 66 所非联盟高校的学习者参与该类别学分课达 1159 人次，其中 9 门课程为深圳教师培训提供课程服务，累计开课 42 期，深圳市中小学教师累计选课 16 479 人次，顺利通过学习 12 444 人次，通过率为 75.51%。其中有 5 门课程面向社会学员开设公开课 39 期，累计选课 4878 人次。

图7-5　部分公开课

(三) 形势政策慕课建设情况

截至目前,深圳大学在 MOOC 平台上共有 1 门形势政策慕课"中美贸易摩擦辨析"(图 7-6),累计开课 1 期,累计选课 26 345 人次,课程通过 22 596 人次,通过率为 85.77%(图 7-7)。

图7-6 "中美贸易摩擦辨析"课程门户界面

图7-7 "中美贸易摩擦辨析"课程学习情况

近几年来,在"互联网+教育"的背景下,深圳大学紧跟信息化时代的浪潮,积极建设慕课,并在该方面取得了显著的成绩。

第三节 教育实践创新提升教学管理各项业务功能

"六卓越一拔尖"计划 2.0 提出以"拓围、增量、提质、创新"为重点，打造覆盖文、理、工、农、医、教等领域的卓越拔尖人才培养领跑计划，探索中国模式、提供中国方案、树立中国标准。这要求高校在培养人才方面不断深化改革，积极创新，同时加强教育实践创新，以进一步促进高校信息化管理水平。

一、传统教学管理系统的不足之处

(一) 教务数据标准不统一、不规范

传统教学管理系统在数据建设方面，信息标准缺乏统一的定义，信息使用参差不齐，缺乏统一的标准化规范，可能导致重要数据丢失，也为后期开展教学质量数据分析增加了难度。12 版国标标准内容宽泛且制定时间较久，在实际教学管理工作中难以满足要求。教务系统因建设时间、使用效果等原因导致教学管理部门间的数据资源和数据质量均存在显著差异。

(二) 数据安全性差及数据源不可追溯

学校在教育教学信息化过程中难以对结果和过程数据进行完整和有效的管理。各个教学管理单位数据不统一，在教学汇报和教学管理工作中难以提供有说服力的信息。

(1) 教务数据缺少关联控制。缺少校验机制和日志记录等功能；数据修改后没有记录，导致误操作等带来的问题无法及时发现；难以完成教务数据的统计分析工作。

(2) 业务管理过程中缺少数据权限管理、人员身份管理等功能，导致教务管理系统无法实现多级授权和分级管理。

(3) 业务线下处理和归档不规范，数据没有数字化。在各项评定、毕业审核等教学工作中往往需要大量的人工查验和处理，效率低下，准确程度也难以保障。

(4) 历史数据多数只记录结果数据，无法进行历史追溯。未对学籍、成绩

等过程数据进行采集和存储，如学生历史异动情况、学生学习过程情况无法在教务系统中体现，对学校的管理、统计、分析、决策造成较大影响。

(三) 传统紧耦合教务系统迭代困难

学校教学业务的变化导致了教务系统的功能变更和重造需求。而这些变化在现有构建模式下难以得到妥善应对，校方为此投入大量资源，但厂商往往无法及时响应。现有的紧耦合系统架构，导致教务系统构造复杂，不利于系统的迭代、更新、维护、使用。缺乏可持续的教务系统生态架构，无法实现产品的快速迭代，也无法有效兼容系统后续的持续扩展。致使学校教务系统在使用一定周期后必须进行全面的升级和替换，从而增加了学校的管理成本、时间成本和使用成本。

(四) 不能满足变化的人才培养需求

人才培养是高校立足之根本。为了更好地因材施教，推动通识教育和专业教育、课内教育和课外教育、共性教育和个性教育、演绎性教育和归纳性教育之间的有机结合，进一步激发学生的好奇心、求知欲和想象力，充分发展学生个人的兴趣和优势潜力，高校都在探索多样化、个性化的人才培养模式，如大类培养、本研贯通培养、辅修双学位培养、创新班培养、实验班培养、订单班培养等创新型人才培养模式。而传统的教务管理系统一般采用专业计划的培养模式，已经不能很好地适应学校的新型人才培养模式，因此需要采用更加灵活的、可扩展式的系统架构来支持学校的教学改革，以应对多样的人才培养模式。

二、传统教学管理模块功能的不足之处

高校传统教学管理系统存在多方面的不足，管理信息化建设不能满足新时代高校发展的业务需求，急需提升和完善管理功能。

(一) 排课、排考模式复杂，工作量大

排课是学校教学管理中相当复杂的工作之一，学校每学期要耗费大量的精力投入到排课工作中。随着高校教育事业的发展，各高校招生规模的不断扩大，在校学生人数迅速增加，班级和课程的数量也随之大幅增长，面对教室和教师资源紧缺且学校、教师、学生等用户个性化要求增多的现状，用原有的排课方

式显得力不从心。课程的编排作为教学管理工作中重要的环节，对学生培养质量与教学水平的提高有着重要影响。

(二) 缺少协同解决问题的能力

随着学校信息化管理能力的不断完善，学校的各项业务逐渐实现线上办理。但各部门证明类材料的打印还停留在人工业务办理状态。随着招生人数的不断增加，打印工作量日益增大，需要办理打印业务的人员逐渐增多，导致排队时间长，打印速度慢，学生抱怨就会越来越多。所以急需建立自助服务体系，让老师和学生少跑腿、好办事，从而将更多的时间和精力投入到科研和学习当中。

另一方面，随着移动互联网时代的到来和智能手机的广泛普及，移动服务能力已经成为信息化系统建设的刚需。所以需要构建智能化、场景化、泛在式的移动教学服务，实现教学、管理与服务一体化。

(三) 难以提供决策支撑服务

在教务系统的建设过程中，在数据建设方面，信息标准缺乏统一的定义，信息使用参差不齐，缺乏统一的标准化规范，容易导致重要数据丢失，也对后期开展教学质量数据分析增加了难度。

随着高校人才培养规模的不断扩大，多校区、多学科办学在学校规模化过程中使信息化支撑具备较高复杂性，如权限体系划分、教学资源调度、课程资源协调、特殊学生的个性化管理等，但在实际工作中此类管理和服务工作非常缺乏信息化支撑。

(四) 缺少服务体验感

传统的教务系统以管理为主，更多的是在执行职能范畴内的业务，以满足大学管理部门和院系教学秘书业务需要，面向教学、学生主动服务的价值难以体现。传统的系统以功能为线索进行组织，未考虑各类用户的操作体验和使用便利性，没有做到按人进行服务组织，无法做到以"人"为本。

信息服务通过不同的渠道将信息推送给管理人员和广大师生群体，当信息服务无法完成信息反馈和统计覆盖情况，致使教务教学工作办事途径或流程发生变化时，需要管理职能部门教师人工通知或干预，由于缺乏监督监控和统计机制，相对容易出现各种教学事故。

(五) 难以触达最终用户

高校教学改革日新月异，国内同类院校均在探索大类培养与大类招生改革，在以学生发展为中心、宽口径人才培养为根本的指导思想下，培养模式不断迭代更新，以充分保障学生的专业选择权、课程选择权、教师选择权，保障学生个性化发展。但是在此变局之下，传统的招生模式、学生管理模式、教学运行模式、审核评价模式均不能满足发展的需要。在个性化培养的前提下，如何规划学生成长路径、培养过程风险的反馈预警、大类引入之后培养方案的制定、淡化行政班概念之后的教学运行安排、相关管理政策和配套措施的建立，均对现有管理模式提出了新的要求。

三、当前教学管理改革情况

(一) 教育组织的变革

教育组织的变革使得传统的行政班属性变得淡化，教育组织从过去学年制模式下以行政班为主的组织方式逐渐转变为学分制模式下以教学班为主的组织方式。组成教学班的前提是学生自主选课。学生除了自主选择选修课程外，某些学校也将必修课程开放给学生进行选课，必修课也就是教师挂牌上课，必修课选课的过程也是学生选择任课教师的过程。另外，有些学校还建立了试课机制，学生选择挂牌课程后，因为同一门挂牌课程的上课时间一致，学校允许学生在开课的前两周时间在同一门挂牌课程的多个课堂自由上课，两周时间过后，学校开放退改选课轮次，学生通过退改确定最终的选课。

此外，越来越多的课堂开始采用小班化教学的方式进行组织。相较于传统的以行政班为组织或同专业下多个行政班的合班组织，小班化教学教学组织颗粒度更细，同时需要更加充裕的教学场地资源、教师资源进行支撑。

(二) 教育空间的变革

教育空间的变革体现在，从过去采用较为单一的传统教室进行课堂教学逐渐转变为采用智慧教室、实习实践基地进行课堂教学。随着在线学习平台的推广使用，很多学校搭建了网络化、泛在化学习社区。

(三) 师生关系的变革

师生关系的变革体现在，从过去"以教为中心"逐渐转变为"以学为中心"，学生学习更加自主化。另外，导师制模式为学生配备了专门的导师，学生可以根据自己的兴趣和志向自由选择导师，确保他们在学业安排和规划方面能得到针对性的指导和帮助。

(四) 教育内容的变革

教育内容的变革体现在，从过去沿用多年的传统课程转变为与时俱进的课程体系和授课内容，包括：优化了理论课与实践课的占比，职业类院校实践课时比重要求不低于总学时的一半；增加了项目与任务教学案例，越来越多的课程采用案例式项目的方式进行教学，这对项目制教学管理也提出新的要求；引入了与时俱进的课程资源，包括优秀的网络课程，允许学生自修网络课程并认定为个人教学计划内课程学分；加强了思政类课程教学管理，对思政课程的教学内容、教学考核、教学评价均提出了新的要求；加强了通识教育课程教学管理，夯实通识教育，落实通专结合的人才培养理念；增设了交叉学科课程，以培养多学科交叉、基础扎实、适应性强的宽口径人才。

(五) 教育方式的变革

教育方式的变革体现在，从过去的以课堂说教、知识灌输为主，教师占据中心地位的教学方式，逐渐转变为理实一体、产出导向、混合式教学等新模式。

理实一体：实践教学体系与理论教学体系相互融合，同步设计，同步实施，同步评价，与理论教学体系共同达成人才培养目标。

设计导向：以学生学习成果为起点反向设计人才培养方案和培养过程，围绕学生学什么、为什么学、如何学、学得怎么样来依次构建从培养目标到毕业要求，从毕业要求到毕业要求指标点分解，再到课程体系，从课程体系到教学内容多层次关联矩阵，建立持续改进的闭环式教学质量保障体系，推进人才培养持续改进。

(六) 教育目标的变革

教育目标的变革体现在，从过去以培养"千校一面"的研究型、学术型人才为目标逐渐转变为以培养学术型人才、应用型人才、复合型人才、技能型人才等为目标,以满足社会多层次、多元化的人才需求。

(七) 评价体系的变革

评价体系的变革体现在,从过去单一的结果性评价机制逐渐转变为包括随堂评价、阶段性评价、期末评价在内的评价机制,强化了过程性评价体系。要保证高等教育的质量,教师教学质量是关键。开展教师教学质量评价的研究,及时发现高校教师教学过程中的问题,提升高校教师教学质量,是实现高等教育规模与质量协调发展、保障人才质量的必然要求。

(八) 技术的发展变革

传统基于 MIS 理念的系统建设模式,以封闭系统平台为载体,无法做到小步快跑、敏捷开发、持续改进,教务系统的技术体系和建设模式需要发生变革。

随着教育信息化 2.0 的推进,智能技术被广泛应用于改进人才培养模式、融入先进的互联网服务方式、实施教学方法变革,以及发展智能教育和智慧校园。这不仅对教学管理工作和教学服务内容提出了更高的要求,也成为高等院校、研究机构和服务厂商共同面临的挑战。

四、当前高校教学管理信息系统

面对高校教务管理的上述现状与挑战,金智教育在 10 余年业务系统建设经验积累的基础上,自行研制的新一代高校教务管理与服务为深圳高校教务管理提供了全新的解决方案,构建了适应开放式人才培养、可持续的教学信息化生态体系,重构了教务管理与服务,并遵循以下基本思路。

(一) 设计思路

1. 遵循国家政策导向,跟随高校教育发展趋势

高校教学管理信息系统整体方案设计遵循国家教育改革发展基本要求——从国家教育"十四五"规划到教育信息化 2.0,并充分结合社会发展对人才培养定位和要求,不断完善高校教学教务发展体系。

2. 从"以教师为中心"向"以学生中心"产出导向转变

当前高校开发高校管理系统时,要转变产出导向,把服务直接推送到教师和学生面前,并以教师和学生喜欢的方式去实现。

3. 从依赖管理经验向智能化、大数据精准决策转变

管理方式上要摒弃基于管理经验的再造和固化，改为用数据说话、智能服务、机制创新。

4. 从教学事务管理向人才培养全过程服务转变

提升管理内涵，拓展服务外延，信息服务覆盖育人全过程。

(二) 建设目标

人才培养是高校的根本任务，学校应积极推进智慧教育的体系构建和创新实践，在教学信息化领域统筹规划、分步实施、攻坚突破，以开展"学生为中心"的教务管理与服务一体化平台建设为抓手，促进信息技术与教育教学深度融合，全面提升学校教育信息化水平和人才培养质量。详细建设目标如下。

1. 顶层设计，统一规划

以全校资源模型为基础，通过组件化与碎片化的方式重构教务管理业务应用，基于最先进的技术架构和最优的人才培养业务模型，设计涵盖学籍、课程、培养方案、选课、排课、考试、成绩、教学评估、毕业审核等功能的教学管理系统。

2. 松耦合式建设模式满足系统快速升级需求

打破传统 MIS 建设模式的教务系统，基于碎片化应用的设计思路，形成综合教务业务办事大厅，面向全校各类人员和角色提供统一的办事入口，从感知、使用范围、业务覆盖面上全面提升，为后期的持续扩展、快速迭代提供先决条件。

3. 学习全过程参与，建立质量评价闭环

实现学生全程陪伴和指导，结合导师制、书院制，基于数据智能的学长画像、课程地图、能力要求导航，建立多样化、开放式、线上线下相结合的学生发展规划和学业指导，重点遴选特长人才、关爱问题学生。

实现学生就业发展可追溯，一方面进行升学、就业、创业的精准指导，一方面跟踪学生培养成效和行业需求以改进教学质量并优化招生策略，通过运用信息化的手段建立评学与评教相结合的课程质量评价体系。

4. 适应学校开放式的人才培养模式

系统能够支持学校多元化的培养模式，满足学校未来教学的变革所需的人

才培养和教学运行模式，全面适配各个学校特色人才培养方案，包括通专融合、大类培养、个性化培养等。

(1) 优化系统功能，用先进的选课功能设计提升选课体验

系统基于缓存选课技术架构与志愿式选课模型，有效解决了选课并发压力大和选课控制与监控不完善两大问题。选课应用提供了志愿式选课、选课批次与规则课程关联、以方案为中心推荐选课、应用独立的缓存服务器以及极简模式的选课界面，保障了选课的易用性与稳定性。可供3万人同时在线选课，平均响应时间不超过5秒，极大地提升了选课性能；通过业务模型引入学生志愿，学生可以选择喜欢的老师和适合的时间，给了学生选课的自主权。

(2) 计算机智能算法辅助排课、排考

系统基于先进的计算机技术，构建了科学高效的自动排课、排考系统。通过计算机自动排课、排考来充分利用有限的教育资源、满足众多个性化需求，使得烦琐、复杂的排课变得简单、有效。还可根据课程特点选择采用计算机排课(排考)、手工排课(排考)、手工与计算机结合的排课(排考)方式。

(3) 构建开放性的教务系统新生态

系统提供了大量开放式的接口，能够很好地实现与整体信息化平台的融合，进而实现与其他系统之间的数据共享，在保证数据一致性的基础上，不仅能减少大量的数据维护工作量，还能满足数据上报和数据深入挖掘分析的需求，为日常业务的改进提供支撑，为面向领导的辅助决策提供支持。同时，组件式标准、可靠的API支持第三方应用直接调用，从而实现资源复用。

五、教育实践创新环境下的教学信息化功能架构

新的教务系统打破了原来以部门为中心的MIS系统建设模式，站在全校的角度，以全校资源模型为基础，抽象出面向教学域的业务模型，包括培养管理域、教务运行域、学籍管理域、教学过程域、实践管理域、教学质量域、师生服务域、管理支撑域。通过以上业务模型，打造出面向高校教学管理的开放平台，构建适应开放式人才培养、可持续的教学信息化生态体系，并在此基础上，梳理面向个人的各项教学服务，构建新型的面向个人服务的碎片化应用，避免原来系统结构重、前后端一体化带来的需求变化难以响应、用户体验不足的弊端。教育实践创新环境下的教学信息化功能架构如图7-8所示。

培养管理域： 开展人才个性化培养，实现一人一案、个性培养、通专融合

培养、专业交叉融合、产出导向专业认证、产出导向成绩管理、二学历等教学改革；完成导师制、书院制等新模式的探索与实践。

教学运行域：对学校教学场景的管理过程和教学服务内容进行梳理，通过对教学资源的统计和梳理，资源的协调和调配全面配合教学任务的安排和落实。为学校教学改革、教学质量、课业质量、教务运行监测提供数据采集和数据支持。

学籍管理域：对新生从入学到毕业离校的整个学习过程中的信息管理，提供查询服务、审批流程管理以及数据服务等。

图7-8 教育实践创新环境下的教学信息化功能架构

实践教学域：通过实践教学场景服务，完善实践教学信息化体系建设，全面推进高等教育综合改革、促进高校毕业生更高质量创业就业、提高实践教学教育质量、促进学生全面发展、推动毕业生创业就业、服务国家现代化建设。

教学过程域：对课堂教学全过程进行管理，包括课前备课、课前学习、课堂讲授、课堂笔记、教学互动、课后作业、课后回顾等，同时支撑线上线下混合、翻转课堂等教学模式。

质量管理域：引导高校办出特色，突出学校优势专业，建立健全并完善符合国情、校情的人才培养质量标准体系。优化学科专业和人才培养结构，创新人才培养模式，推动学校教学评价指标体系建设。

师生服务域：通过移动教学服务、企业公众号、智能服务终端等模式为学校师生提供 24 小时不间断的信息化服务。建立学校业务服务管理规范，优化网上服务流程，推进服务事项网上办理，创新网上服务模式，提供全面服务信息。

管理服务域：为学校各级用户提供技术赋能，通过教秘小管家、工程小助手、教学运行监测、服务前置等多种产品和服务，为学校教师、各级管理人员、网络中心等提供教务系统的运行和保障服务，使学校教务系统运行根基更稳定，帮助学校更好地使用系统。

六、教学管理信息化各模块功能的实现

(一) 课程管理

通过授权，学院、教务处可以维护课程的基本信息，可以添加、删除、修改课程相关信息；支持课程复制功能，可以为课程自定义标签，维护课程对应的标签信息，可按照课程标签对课程进行归类或检索。

课程信息包括课程号、课程名、英文课程名、开课单位、教研室、学时、学分、周学时、授课学时、实验学时、上机学时、设计学时、课程简介、课程大纲、参考教材、适用专业、先修课程、课程负责人、教学方式、授课语种、课程层次等。新的教务系统支持课程导出打印，能够按照查询条件，按学校要求的格式，导出成 EXCEL 文档，使课程数据得到有效的管理。深圳大学课程管理如图 7-9 所示。

图7-9 深圳大学课程管理

1. 系统支持课程信息导出功能

针对课程信息导出，系统支持管理人员自定义多套导出方案，如：方案 1 是导出"课程号、课程名、开课单位、课程性质、总学时"这 5 个字段，方案 2 是导出"课程号、课程名、开课单位、课程性质、总学时、课程版本、课程层次、课程负责人"这 8 个字段，具体导出时，可选择按照哪个方案进行导出。深圳大学课程信息导出功能如图 7-10 所示。

图7-10 深圳大学课程信息导出功能

深圳大学校公选课管理如图 7-11 所示，在维护校公选课课程信息时，可指定校公选课课程类别。通过"是否校公选课"字段控制，将"是否校公选课"字段为"是"的课程放到校公选课课程菜单单独管理，可以通过课程库添加校公选课，以及设置为非校公选课。

图7-11 深圳大学校公选课管理

2. 开课历史信息

新系统平台可记录所有课程的开课历史信息，包括开课学期、选课人数、及格率和优秀率统计等。深圳大学开课历史信息如图7-12所示。

图7-12　深圳大学开课历史信息

3. 课程日志查询

对于课程的任何修改，均可记录完整的日志信息，可显示每门课程详细的历史变迁过程，以便后续追溯。可以按课程号、课程名、开课单位、操作人员姓名等条件查询日志信息，深圳大学课程日志查询如图7-13所示。

图7-13　深圳大学课程日志查询

(二) 培养方案管理

培养方案是学校组织开展教学活动、安排教学任务的规范性文件，是学生学习、制定个人培养计划和选课的依据；也是进行毕业资格审查、学士学位授予资格审查的主要标准。培养方案是教务教学工作的重要组成部分，教学活动按照培养方案进行安排，它贯穿整个教学过程。

培养方案管理模块可维护校级平台培养方案、院级大类培养方案、专业或专业方向培养方案，一个年度专业下可创建多个培养方案。支持多种方案类型的培养方案统一管理，如：大类培养方案、专业培养方案、个性化培养方案；支持多种修读类型的培养方案统一管理，如：主修培养方案、辅修培养方案、第二学位培养方案；支持多种学制模式的培养方案管理，如：学年学分制、完全学分制、学年制；支持灵活设置培养方案课程体系、课程平台、课程组。深圳大学培养方案管理如图7-14、图7-15所示。

图7-14　深圳大学培养方案管理(1)

图7-15　深圳大学培养方案管理(2)

1. 培养方案制定

系统支持培养方案中多层级的课程体系结构的设置，例如：培养方案下包括通识类课程、专业类课程以及实践环节。其中通识类平台下包括通识核心课程、通识选修课程和自主学习课程等。在一个年级专业下根据人才培养的要求，可以创建多个培养方案，该年级专业下的学生对应其中一个培养方案，也就是允许学生有自己的个性化培养方案。

2. 新建培养方案

系统支持新建培养方案，包括方案名称、修读目标、要求总学分、开始学年、开学学期、学期类型(2 学期或 3 学期等)、面向的年级、院系、专业、专业方案、方案类型(主修、辅修)、主干课程等，系统还支持维护培养方案课程体系结构，包括通识类课程、实践类课程、学科基础类课程、学科专业类课程，每个课程类可以进一步细分，如：通识必修和通识选修等。可以从课程库中选择课程加入课组。

系统也可根据方案模板快速生成、删除或提交培养方案。

系统支持采用思维导图形式展示培养方案的课程体系结构和学年学期培养方案课程开设情况，实现培养方案课程体系结构和学年学期培养方案课程开设情况的可视化呈现，更加方便老师和学生进行管理、维护和查看，深圳大学新建培养方案要求学分如图 7-16、图 7-17 所示。

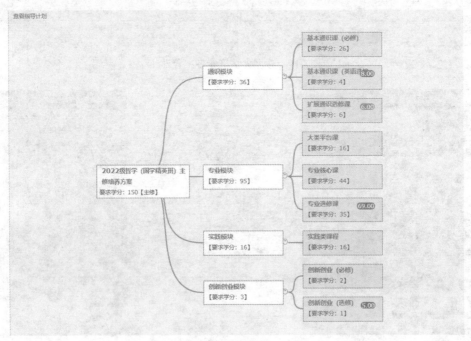

图7-16　要求学分(1)

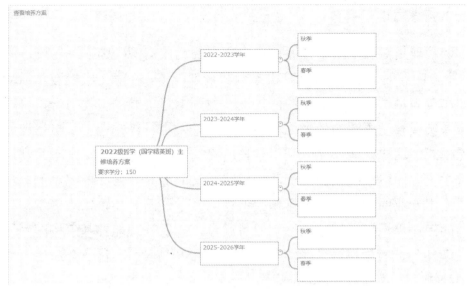

图7-17 要求学分(2)

3. 设置指导计划

教学指导计划为整个培养方案细化落实课程的具体上课学年学期。

系统按照学期的开课要求，根据培养方案生成对应的指导计划。培养方案中没有指定具体学年学期的课程，可以在指导计划中添加。

院系秘书制定的本学院的培养方案，确认无误后可提交给教务处审核。

4. 复制培养方案

可以把历年的培养方案复制到当前年级专业下，深圳大学复制培养方案如图 7-18 所示。

图7-18 深圳大学复制培养方案

(三) 排课管理

排课管理是对教学活动开展过程中需要的相关资源(包括课程资源、教师资源、教室资源和时间资源)进行有机整合和合理配置，在满足学校教学活动正常开展和尽量满足学生选课需求的前提下，找到上述资源的最优组合，可通过多阶段排课实现教学资源的最大化利用；也可以采用一级排课和二级排课相结合的排课模式，这样既能够充分利用学校所有的教学资源，避免由于只利用学校公共教学资源而造成院系教学资源的浪费，又能够充分发挥各院系的教学自主权，依据本专业的特点自行安排相关课程的教学，同时还可以减轻学校教务管理部门的工作量，提高管理效率和服务质量。排课管理能够基于校园网，依据学期教学任务、教学资源、学生学籍及学期校历(周次)，科学合理地完成学期课表的编排。

系统既可以支持学年制、学年学分制下的排课要求，也可以支持完全学分制下的排课要求；支持二级学院排课、分批次排课、不规则排课、多节次连排、单双周排课、跨校区排课等多种排课机制；支持智能排课、手工排课、课组排课等多种排课模式。

1. 智能(自动)排课

智能排课模式可支持学校自定义排课批次，并维护各排课批次中所包含的待排课程，比如按照课程类别划分排课批次或按照开课单位划分排课批次等。教务处管理人员通过批次划分，可将排课权限下发至各二级学院。智能排课时，可按照排课批次的维度进行一键智能安排。智能排课通过参数、时间模式和批次设置，完成排课策略制定，交由系统自动完成课表编排。系统提供覆盖全域(全校课程)、局部(某些课程或某一教学班)和特定场景(板块课、公共课等)的智能排课功能以满足排课工作不同阶段下的需求。

排课完成后，可以通过排课结果检查进行排课冲突检查、排课合理性检查、漏排和超排检查等。例如：行政班冲突、教师冲突、地点冲突、行政班屏蔽、教师屏蔽、教学班时间屏蔽、排课时间连天、教室容量小于课容量、排课时间屏蔽、排课学时超过授课学时、相同教学班每天上课超过多少节、教师一天内连续上课超过多少节、教师一天上课超过多少节等。深圳大学排课检查如图7-19所示。

图7-19 深圳大学排课检查

2. 排课进度查看

系统支持排课进度查看功能，可按照百分比进度条方式展示各教学单位或院系的排课进度情况。通过该功能可监控全校各个院系当前排课的进度。深圳大学排课进度查询如图 7-20 所示。

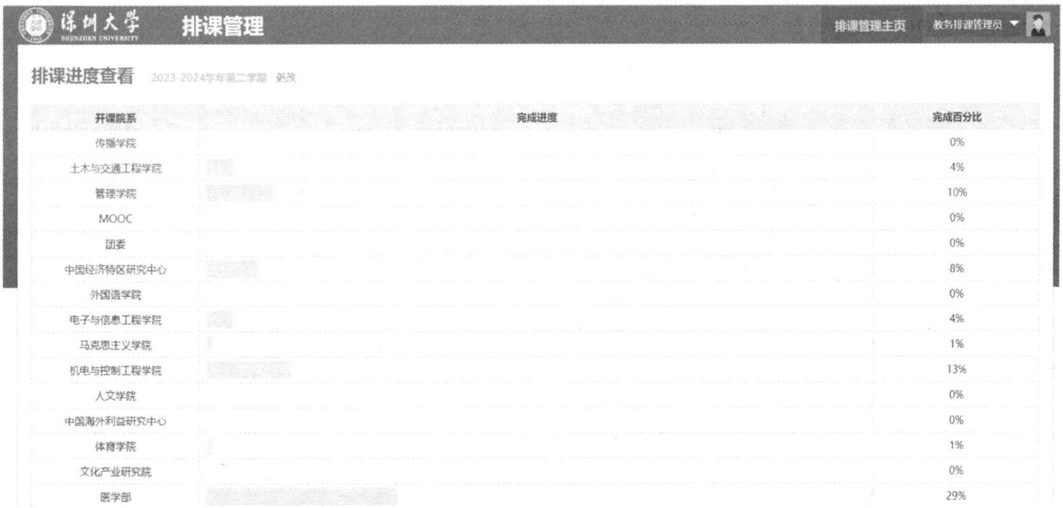

图7-20 深圳大学排课进度查询

(四) 选课管理

选课制是学分制实施的核心。学分制下的选课允许学生在培养方案的框架要求下，依据指导性教学计划和指导教师的指导，制定个人的选课计划并自主选课，包括课程、上课时间地点的选择、授课教师的选择等，同时允许学生跨年级、跨专业、跨院系甚至跨学校选课，从而让学生能够依据个人目标自主构建自身的知识结构，促进学生个性化的发展和个人能力的培养。

实施选课制的好处有：其一，可以充分调动学生的学习积极性、主动性，发挥学生的主体作用；同时促进教师不断更新教学内容，改革教学方法，发挥教师的主导作用。其二，有助于更好地适应社会主义市场经济发展的需要。选课制在人才的培养目标、培养规格、培养途径等方面具有较大的机动性和灵活性，可以适时调整人才培养的计划，以适应社会经济、文化、科技发展对不同类型人才的需要。其三，能够尊重和发展学生的个性、特长和爱好。学校应在培养和发展学生智力因素的同时大力培养和发展学生的动机、兴趣情感、意志和性格等非智力因素，在力所能及的范围内创造有利于培养和发展学生创造力、有利于人才脱颖而出的好条件。

考虑到各学校在选课过程中操作上的不同，选课管理提供了灵活的选课机制设置功能，包括选课多类别设置(校公选课、体育课选课，一个学期的课程分类进入选课系统)、多轮次设置(一个学期课设置多个轮次的选课)、多阶段设置(预选、正选、补退选)、多处理方式设置(随机抽签、按优先级抽签原则、按先来先到原则等)、多限制条件设置(选课轮次整体限选条件设置、每门课程限选条件设置)。

为了方便管理，系统提供了详细的学生选课日志管理功能，同时可对选课数据进行多角度分析与统计。针对目前高校倒卖选课资源问题，系统提供了定时(可通过参数设置)延迟释放课余量的功能，在一定程度上缓解了上述问题。

1. 选课名单预置

选课名单预置是指学校依据自身管理需要为学生预置选课结果。例如学校将已经预先排定的各专业必修课预先置入学生的选课结果中(预置课程可通过参数来控制是否可删除)。课程预置一般是在学年制下或教学资源极度紧张的情况下，为保证学生必修课的修读而采取的一种方式。在学分制下，我们并不建议采取课程预置的方式干预学生选课。深圳大学选课名单预置如图 7-21 所示。

图7-21 深圳大学选课名单预置

2. 选课过程监控

系统提供选课过程监控功能，可统计各个班级选课人数和未选课人数；能提供完整的退课日志信息。

在选课系统中，无论是选课还是退课，无论是学生通过网上操作，还是管理员在管理端操作，系统都会详细记录选课操作日志，随时监控选课操作。学生在网上也能看到自己的选课结果的操作日志，深圳大学退课日志信息查询如图 7-22 所示。

学号	学生名	年级	所在院系	专业	班级	退课课程号	退课课程名	课序号	开课院系	退i
20	洪	2013	经济学院	金融学	2013金融学01	0200250001	财政学	01	经济学院	个人退i
20	洪	2013	经济学院	金融学	2013金融学01	0201350001	计量经济学	04	经济学院	个人退i
20	洪	2013	经济学院	金融学	2013金融学01	0200250001	财政学	01	经济学院	抽签落i
20	洪	2013	经济学院	金融学	2013金融学01	0201350001	计量经济学	05	经济学院	抽签落i
20	洪	2013	经济学院	金融学	2013金融学01	0201560001	经济法	02	经济学院	抽签落i
20	洪	2013	经济学院	金融学	2013金融学01	0201990041	会计学原理	03	经济学院	抽签落i
2	洪	2013	经济学院	金融学	2013金融学01	5300599069	羽毛球俱乐部	40	体育学院	个人退i
2	李	2014	土木与交通工程…	交通工程	2014交通工…	0101920093	伦理聊斋	01	人文学院	个人退i
2	李	2014	土木与交通工程…	交通工程	2014交通工…	0101920093	伦理聊斋	01	人文学院	个人退i
2	李	2014	土木与交通工程…	交通工程	2014交通工…	0105490002	逻辑与论辩	01	人文学院	个人退i

图7-22 深圳大学退课日志信息查询

3. 重修选课管理

系统可根据学生的历史成绩信息,结合本学期开课情况,预生成重修选课名单。在生成重修选课名单的过程中,要根据课程替代关系进行匹配。如果课程以后不再开设,有新的课程可以替换,系统会根据课程的替代关系,自动生成新的课程让学生重修。如果重修成绩及格,学生的毕业审核就会自动记录该学分。深圳大学重修选课管理如图7-23所示。

图7-23 深圳大学重修选课管理

(五) 调课管理

调停补课功能是高校教务管理系统的重要组成部分,也是保障教学工作正常运转的必要环节。在日常教学过程中,由于某一周任课教师生病导致这一周的课不得不停,或由于某些特殊原因导致这一周的课调至其他周次进行安排,以及停课后需要补课时,就需要进行调停补课。根据调停补课的不同情形,其功能可划分为三种类型:停课、调课、补课。

调课办理功能包含:任课教师填写调停补课申请、院系各教务处审核调停补课申请、审批通过后由系统将变动的信息自动推送给相关教师和学生群体,提供调停补课的次数和学时统计等,为以后考核提供重要参考依据。

1. 调课申请

由任课教师本人或任课教师所在院系的管理员发起调课申请。其可分为三种:停课、调课、补课。深圳大学调课申请如图7-24所示。

图7-24 深圳大学调课申请

2. 调课审核

通过调课管理流程状态参数设置，可支持院系或教务处进行多级审批，最终审批通过后，系统将自动调整相关申请记录的资源表信息，包括课程安排时间地点、教师时间资源、教室时间资源等。

第八章 以教育实践创新促进教师专业发展

高校教师是高等教育的主要力量，他们履行着人才培养的专门职责，承担着为社会培养德智体全面发展的当代专业人才的重任。随着高等教育普及化，社会的发展对人才、能力与高新技术的依赖程度不断提升，新时代高等教育的人才培养急需高质量和前沿化的方向发展，而实现这一目标的重要保障是建立一支高素质的教师队伍。因此，对高校教师教学能力的要求显得尤为重要。

新时代的高校教师在专业理论上应该具有宽厚基础，在专业技能上应有较强的实践操作能力和过硬的教育科研能力，同时还应具备特定的教育教学能力和创新能力，这样的教师是符合新时代教师专业化要求的复合型人才。提升高校教师的专业化水平，是提高高校教师综合素质、保障高等教育教学质量的重要基础。

当前，各个高校都以建设一流学科和一流专业为总目标，深入推进拔尖创新人才培养模式改革，实施创新人才分类培养，形成适合高校自身的办学品牌与育人特色。教师专业发展日益成为人们关注的焦点。从国际视野来看，各国政府不仅在观念上重视教师专业化发展，而且明确了政府在教师专业化发展中的责任，通过改进新入职教师职前教育、提高教师从业标准、完善教师在职继续教育和提高专业地位等措施与途径来推动教师专业化运动。要促进教师的专业化发展就必然会对教师的专业技能提出更高的要求。

教师专业发展与教师个体教学能力有着紧密的联系，提高教师教学能力，特别是青年教师的教学能力，对促进教师专业发展有重要意义，而且能对教育实践创新起到重要作用。

第一节　高校教学激励与约束机制建设分析

新时代背景下，需要深化高水平大学教学改革，加强高校本科教学激励和约束机制建设，有效提升本科教学质量水平，坚持"以本为本"，推进"四个回归"，促进高水平大学内涵式发展。

一、高校教学激励与约束机制建设的主要内容

高校教学激励机制与约束机制在教学管理活动中具有不同的目标。教学激励的主要功能是从教学管理工作中调动老师教学工作积极性，以提高高校教学工作效率。高校激励机制的设计基础是教师的能动性，通过满足高校教师个体愿望来实现教学改革目的。从当前设置的教学激励方法来看，高校主要采用物质奖励、精神鼓励、职称评审等方法来激发教师的工作热情、积极性、创造性和能动性，以有效地发挥其潜能。高校的约束机制，其主要作用是保证教师在日常教学活动中，教学行动方向不偏离学校的组织目标方向。高校教学约束机制的设计基于教师个人主义的人格假设，以约束教师个体理性以避免其偏离正常的教学活动为主要目的，采取的措施包括制定教学行为规范、建立相关的教学管理规章制度，使用包括物质处罚、批评警告、处分等在内的处理方式。高校教学约束机制的主要功能是规范教师教学行为和妥善处理教师人际关系等。有机地将教师个体目标和团队整体目标有效整合，旨在促成个体理性和集体理性的统一。从高校教学激励和约束机制各自的含义和功能来看，二者是既相互矛盾又相互促进的机制联合，且是不可分割的统一体。激励和约束机制建设在高校教学管理实践中对教学组织目标的完成所产生的作用主要体现在激励组织目标(学校目标)的达成和实现。高校教学激励与约束机制就是运用各种有效的管理方法、手段、执行程序和宣传途径，调动高校教师教学积极性、主观能动性和教师个体潜能，并将教学管理系统及各要素联系起来，使教学工作按照一定的目标要求和程序，进行有效运转和优化。

二、当前高校激励机制建设的主要举措

当前高校对教师专业发展非常重视，从学校层面加强了对教师专业发展激励机制的建设，深圳大学就是其中一个典型，开展了大量的工作。

(一) 制定教师专业发展激励办法，激励教师投身教学研究

为指引教师更好地了解学校教学方面的制度和政策，激励教师更好地开展教学研究，全面提高教师教育教学水平，将立德树人落实在提高本科教学水平和人才培养质量上，深圳大学继续推进《深圳大学本科教师教学研究实施办法》，在教师课程团队建设、教学改革、人才培养等方面采取一系列的措施，出台相关制度和管理办法，为教师建设课程团队、开展教改项目、培养创新人才提供相应政策保障和经费支持。

深圳大学鼓励教师以团队形式申报各类建设课程，通过构建结构合理、人员稳定、教学水平高、教学质量好的教学团队，保证优质课程的持续开设并发挥其示范性作用，探索课程改革常态化发展机制，聚力开发新型高水平课程。重点把握课程内容的高阶性、创新性和挑战性，全面深化信息技术与教育教学融合创新，不断提高课程质量，打造"金课"。

为进一步提升教学改革研究的针对性和有效性，深圳大学依托高等教育教学改革研究项目、"质量工程"项目等各级各类教改项目，鼓励教师开展教学改革与研究，紧密联系教学实际、注重实效与应用，围绕教学改革重点领域，针对人才培养关键环节进行研究和改革实践，或面向教学一线，针对教学过程中的具体问题开展研究和改革实践，发挥教学研究对本科教学的促进作用。2019年，深圳大学有 45 个项目通过广东省"质量工程"项目验收。此外，深圳大学注重教研成果的培育和孵化，将教学成果奖的申报和评选周期由四年缩短为两年。2019 年，深圳大学评选出教学成果奖 28 项，并推荐其中 18 项参评省级教学成果奖。

(二) 加强教师教学发展中心建设，加大对优秀教学奖的奖励力度

1. 制定《深圳大学教师教育教学能力提升实施计划》

为营造教学质量文化氛围，深化教育教学改革创新，逐步提升深圳大学教师的教育教学能力和教学管理水平，培养造就一支职业素养好、业务能力强、教学水平高、具有创新创业精神的教师队伍，使教师教育教学能力提升工作进

一步规范化、制度化，深圳大学制定了《深圳大学教师教育教学能力提升实施计划》，以推进全员覆盖的教师教学能力提升工作。

深圳大学以新入职教师、青年教师、骨干教师和资深教师为工作主体，分层分类分步骤逐步落实《深圳大学教师教学成长能力提升实施计划》，积极开展各项教师教学能力提升工作。现已开展新入职教师薪火计划，正在推进青年教师精进计划，计划开展骨干教师攀登计划和资深教师登峰计划。

近年，深圳大学开展了"青年教师教学能力培养薪火计划"。"薪火计划"实行"导师团制度"，由导师对新进青年教师进行指导和培养。深圳大学组织校级专家对青年教师进行了随堂听课，组织学院导师对每位青年教师进行指导。通过实施"薪火计划"，来加强青年教师师德师风建设，提升青年教师教育教学能力，提高深圳大学本科教学质量。

为了打造一批教学能力强、教学水平高、具有创新精神的师资力量，深圳大学制定了《青年教师教学新秀精进计划》。"精进计划"以项目为驱动，按照"一师一课"的方式，聘请名师团队听课、评课，提供教学咨询和培训，帮助青年教师建设一流金课。

2. 开展教学设计、教学方法和教育教学技术系列培训

为实现教师教学成长及能力提升，建立教师培训研修的常态机制，引导教师教书育人与自我修养相结合、教学业务学习与自身成长相结合，深圳大学积极开展教学设计、教学方法和教育教学技术系列培训，加强教师教学发展中心建设，开展教师教学能力提升培训项目，重点依据教育信息化新要求开展教师教学信息化素养提升的相关活动，通过示范引领、重点推进、以点带面，切实提高学校教师的教学素养和教学水平。

深圳大学已开展"教师教学能力提升海外研修计划"，研修计划旨在鼓励和支持更多优秀教师出国研修，通过有针对性地跟教和研修学习，及时了解前沿教学动态，树立现代教育理念，吸取先进的教学经验，引进新的教学方法与手段，从而提升教师教育教学能力，有效地促进深圳大学教学质量的全面提升；同时开展"师学课堂"，主讲者均为校长教学奖或提名奖获得者和青年教师讲课竞赛一等奖获得者。通过充分发挥教学名师在教书育人上的示范引领作用，展示优秀的教学水平和教学风格，传递高尚的敬业奉献精神，给广大青年教师提供课堂教学的范例，树立良好的教学楷模，带动青年教师在教学上积极探索，勇于创新，以提高人才培养质量。

深圳大学还开展了师术讲座，邀请了校内外知名专家与全校教师面对面交流，讲座主题分别为："人工智能时代教与学的变革""世界一流大学里的本科生教育：观察，经历，对比，反思，建议""面向'以学为主'的教学设计和教学组织"。旨在通过师术讲座来传播先进教学理念，提升教师教育教学信息技术，探究有效的教学方法，拓宽青年教师教学视野，启发新的教学思考。

深圳大学正在建设教师教学发展中心网站，旨在推广先进的教学设计和教学方法，传播科学的教学模式，营造优良的创新性教学氛围。

3. 完善校长教学奖评选方案，给予政策倾斜和激励

为发挥本科教学奖励的激励和导向作用，深圳大学需要建立规范化、制度化和系列化的本科教学奖励机制，以全面提高深圳大学本科教学工作水平，深化教学改革。

修订后的《深圳大学本科教学奖励实施办法》扩大了教学奖励覆盖面，加大了教学奖励力度。其将本科教学奖励扩展为四大类，增设了"教学竞赛奖"，对在 18 项全国性教师教学竞赛及一些具有较大影响力的省级教师教学竞赛中获奖的教师予以认定及奖励。在本科教学单项奖中增设了"优秀本科教学组织管理奖"，对积极开展各类本科教学改革与研究、取得显著成果的集体或个人，以及热爱教学、乐于奉献、长期工作在教学管理第一线的教务管理人员给予奖励。此外，在本科教学单项奖中还增设了对有代表性的本科教研论文、高水平教材的奖励。

此外，深圳大学还提高了对创新领域获奖的教师标准，对国家教学名师、国家精品视频公开课、国家精品资源共享课和国家精品在线开放课程等的教师个人或集体进行奖励。修订后的《深圳大学本科教学奖励实施办法》将高层次人才及国家级课程团队、教学团队等个人或集体授予本科教学突出贡献奖。这些政策导向和激励机制，对促进教学名师发挥示范辐射效应、推动教师队伍建设和教育教学改革、提高教师队伍整体水平和教学质量发挥了积极作用。

三、当前高校约束机制建设的主要举措

为推动教师课堂教学质量评估工作的规范化、制度化和科学化，进一步完善深圳大学的教学质量保障体系，深圳大学积极开展课堂教学动态测评工作。

课堂教学动态测评有助于教师持续性地改进教学方法，提升教学质量，进一步推动教师自身的发展。

1. 加强督导团建设和管理

为加强深圳大学本科教学质量保障工作，提升本科教学质量，深圳大学于2018年4月成立第三届本科教学督导团。督导团均由具有丰富本科教学经验、热心于本科教学、教学效果好的在职或退休教师担任，其中大部分督导团成员都曾获得校长教学奖或提名奖，在本科教学中具有较高威望。

督导团以"完善本科教学评价机制，提高本科教学质量"为工作指引，做了大量常规性和开创性工作，并积极研究教学管理难题，构建本科教学质量监控的闭环体系。自成立以来，在校长教学奖、青年教师讲课竞赛、教学检查、教学事故认定、学术论坛评审等工作中都发挥了重要作用，为深圳大学教风学风的切实提高做出了重要贡献。

2. 加强排课授课制度

围绕高等学校人才培养根本任务和本科教学核心工作，甚于高水平人才培养体系的建立，按照教育规律和人才培养规律，学校对每学期排课文件进行整合修改，出台了《深圳大学本科授课排课细则》。该细则对授课教师的资格和聘任、授课要求，排课工作的具体要求等做了明确的规定，是落实本科教学运行的重要规章制度。

《深圳大学本科授课排课细则》和《深圳大学本科教学调停代课规定》等文件为加强本科教学、维护教学秩序、提升本科生培养质量保驾护航。

3. 落实教授和特聘教授为本科生上课制度，加强教学督查

教书育人是教师的第一工作。深圳大学聚焦本科教育，教学资源主要服务于本科教育和人才培养，师资力量倾向于本科教学。为切实提高教授、副教授本科授课率，学校制定了《深圳大学教授、副教授为本科生授课的规定》。该规定明确了教授、副教授每学年至少为本科生主讲一门课程。所授课程包括《深圳大学本科培养方案》中所列课程及其他学分课程，不含专题讲座、教学实习、毕业论文(设计)等。

深圳大学每学期统计教授、副教授上课率，对未达标的学院下发督查建议书，敦促有关学院改进，切实提高教授、副教授上课率。

4. 完善独立科研机构授课管理

为规范学校相对独立科研机构本科教学，深圳大学制定了《深圳大学相对独立科研机构本科教学管理办法(试行)》。该办法完善了学校相对独立科研机构的教师岗位人员为本科生授课的管理方法。相对独立科研机构为本科生授课能促进科研与教学融合，对于提升本科生培养质量有重要意义。

总之，在构建高水平大学教学质量管理体系时，教学管理工作既要重视激励机制的建设，也要重视约束机制的建设，并进一步转变理念，以教师为本，以充分调动教师个体的主观能动性为目的，构建高水平大学激励机制，并将其融入大学教学质量管理系统中，同时将激励机制与约束机制有机结合起来，构建一个系统的、科学的、与当前高水平大学制度相匹配的教学质量管理体系，进一步提高教育教学质量，促进学校实践创新的发展。

第二节　当前高校青年教师教学能力的调查研究

青年教师的教学能力会影响学生的学习效果和专业成长。以深圳大学为例，我们对深圳大学青年教师教学能力进行了调查研究，发现部分青年教师的教学能力仍需进一步提高尽管他们对高等教育教学理论的理解较为深刻，但对于本学科的深层次理解尚显不足。此外，青年教师对教学内容的处理方式过于简单化，且对深圳大学学情的了解过于单一，在教学设计方面，对现代教育信息技术、媒体技术及个人因素考虑较少。最后，青年教师在教学工作中还需培养自己的教学风格和特点。

一、深圳大学青年教师教学能力调查研究的背景

深圳大学践行"有教无类、因材施教、厚积薄发、经世致用"的办学理念，以培养"素质好、基础好、上手快、转型快的事业骨干和创新创业型人才"为目标，积极推进教学改革，致力于提升教学质量，文艺、体育设施精良，是国家大学生素质教育基地和人才培养模式创新实验区。随着深圳经济的不断发展和产业结构的转型升级，对深圳大学教育方式各个方面都提出了深刻的变革要求。深圳大学教学改革归根结底就是要实现学校教学层面的改革。深圳大学青

年教师作为教学改革的参与者和受益者，自身的教学能力具有特殊而又重要的意义：对自身教学能力的精心培育有助于深圳大学青年教师专业地位的提升和巩固，也有助于青年教师产生自我提升的积极动力，进而全面提升深圳大学整个师资团队的教学能力。

深圳大学教学改革实践过程中，青年教师的教学能力如何？其中存在怎样的问题？应该如何去解决？这些问题可能直接关系到深圳大学的教学质量。围绕这些问题我们进行了深入细致的调查，希望调查结果能对深圳大学教学改革提供一些参考。

二、调查结果与分析

(一) 深圳大学青年教师的教育教学理念分析

1. 深圳大学青年教师对"有教无类"的理解

93%的青年教师认为有教无类教育应以学生为本，在学习中学生是主人，学生人人平等，均有受教育的权力。5.7%的青年教师认为有教无类就是大家享受的教学资源一致，能一起进步。1.3%的青年教师认为有教无类就是不将学生分类为"优秀学生""一般学生"和"差学生"。可见，深圳大学青年教师对有教无类教育的理解较为深刻、合理，对学生学习主体认同性较高，即都认识到了有教无类的核心就是教育应以学生为本，在学习中学生是主人，学生人人平等，均有接受教育的权力。但在对有教无类实施可行性的认识上，青年教师们整体上表现出认识不足，仅有17.4%的青年教师认为只有在教学方面以学生为主体，实施有教无类才有可能；59.5%的青年教师认为只有改变考试评价制度，有教无类的教育目标才有可能实现；8.2%的青年教师则认为对有教无类的顺利实施心里没底，不知在当前制度下是否可行；更有14.9%的青年教师在综合考虑多种因素后，认为有教无类教育不太可能实现。

2. 深圳大学青年教师对"以知识多元化发展为本的教学"的认知

深圳大学高度重视本科教学，树立并实践了"有教无类、因材施教、厚积薄发、经世致用；办学以学生为本，育人以素质为本，素质以做人为本；以素质教育为基础，以专业教育为主干，以教学质量为核心"的教育教学理念。学校积极推进了教学改革，强化了教学管理，精心锻造教学特色，促进了教学水平的稳步提高，培养了一大批素质好、基础好、上手快、转型快的事业骨干和创新创业人才。在培养方案设计方面，深圳大学非常注重培养学生知识多元化发展。在对"以知识多元化发展为本的教学"的理解上，79.7%的青年教师认识到了"以知识多元化发展为本的教学"应以促进学生身心素质全面发展为根本目的，另有 20.3%的青年教师认识到了教学不是仅仅让学生掌握书本知识，教学还应该有其他的附加价值和增值效应。可见，"以知识多元化发展为本的教学"观念已被教师广为接受。青年教师在"以知识多元化发展为本的教学"的看法上存在差异，其中在"教学应以学生知识多元化发展促进学生全面发展"的问题上，选答率为 85.19%。可见，青年教师对深圳大学教学改革的整体情况是基本认同的。

(二) 深圳大学青年教师的教学能力分析

1. 教学目标的设计与制定

深圳大学在教学改革过程中，非常重视青年教师的教案准备工作，要求青年教师重视教学设计和制定教学目标。通过调查可知，深圳大学青年教师中，70.5%的教师一般会参考教材，但会根据对教材内容和学生实际的把握重新进行设计；8.3%的教师一般会根据自身的个性特长和教学风格来设计教学目标；而 21.2%的教师一般会根据教参或课程标准来设计教学目标，这部分教师对自身和学生的实际情况考虑较少，在很大程度上受制于特定环境的"法定文本"和"条条框框"。通过调查来看，不同职称、不同教龄、不同学科的教师在制定教学目标的一般做法上均无显著差异。

2. 教学内容的调整与个人特色

在深圳大学青年教师对备课的重视程度方面，对课程内容调整或自我充实方面的重要性上，选答非常重要、重要、不重要、不太重要、完全不重要的教师的比率分别为 27%、67%、4%、1.6%和 0.4%。在教师是否有能力自身调整改造课程内容上，选答完全具备、基本具备、不确定、不太具备的教师的比率分别为 25.8%、51.6%、19.4%和 3.2%。可见，绝大部分青年教师都具备了对课程内容进行自身调整或改造的意识与能力。青年教师中，对课程内容调整或改造重要性的认识与自身是否有能力调整改造课程内容之间存在显著差异，认为对课程内容的调整或改造非常重要、有时重要、不确定、不太重要的青年教师中，分别有 92.42%、73.05%、60%和 50%的人认为自己具备了调整改造课程内容的能力。

3. 学情的掌握与分析

深圳大学青年教师在设计学案目标或开发课程内容时，经常、偶尔、很少、从不有意识了解学情的比率分别为83.4%、13.8%、1.6%和1.2%。青年教师中，不同教龄的教师在经常有意识地了解学情上存在显著差异，在经常有意识了解学情的教师中，教龄在1年以下、2~3年、4~5年、5~6年、10年以上的教师分别为100%、90.7%、76.47%、89.29%与69.7%。这表明，就教龄而言，新教师能更有意识地、更频繁地了解学情，以便做好教学工作。而在了解深圳大学当前学情时，14.7%的教师会根据自己过去所教过的同龄学生的情况推断现在学生的情况，77.3%的教师会借助学生之前的作业情况和考试情况来进行推断，7.6%的教师会通过与学生进行个别交流来了解学生，0.4%的教师会通过学生家长或其他同学来了解学生。可见，整体而言，教师了解学情的方式较为单一，主要凭经验和学生之前的作业、考试表现来推断学生的情况，极少考虑学生家长或其他同学的意见。

4. 教学过程的设计与安排

在设计教学过程时，34.4%的教师会通过多样化的学习活动、施教的具体方式、教学活动的程序、分层教学的要求与现代信息技术手段等进行设计。据调查，有65.6%的青年教师对以上内容设计得不够全面。整体而言，选择多样化的学习活动、施教的具体方式、教学活动的程序、分层教学的要求与现代信息技术手段的选答率分别为89.3%、60.9%、75.5%、63.6%和40.7%。不难看出，深圳大学青年教师们普遍对现代信息技术手段考虑较少，虽然并不是所有课堂教学都要运用现代信息技术手段，但这在某种程度上说明了青年教师的现代信息技术素养还有待进一步提升。在选择多样化的学习活动上，不同教龄的青年教师存在显著差异，教龄在1年以下、2~3年、4~5年、5~6年、10年以上的教师分别占97.85%、95.6%、92.64%、91.2%和88.1%。可见，教龄较短的青年教师更重视多样化学习活动的选择与设计。在教师教学的具体方式上，不同学历水平的青年教师存在显著差异，本科、硕士研究生、博士研究生的青年教师的选答率依次为49.17%、55.24%和73.22%。

5. 课堂教学行为的选择与实施

深圳大学青年教师较少使用的教学行为首先是让学生自学看书(约占76.1%)，其次是运用恰当的评价促进学生学习(约占11.7%)，再次是明确给学生学习方法指导(8.7%)，最后是想方设法激发学生学习的积极性(约占3.5%)。整体而言，深圳大学广大青年教师在课堂教学中还是比较注重对学生的引导、指导、激发与鼓励的，不会让学生放任自流。34%的青年教师经常采取教师讲授、组织学生讨论和合作、引导学生探究、注重学生动手操作、进行思维或动作示范等多样化的教学行为，66%的教师则是在采用以上不同类型的教学行为上各有侧重。总的来说，深圳大学青年教师讲授、组织学生讨论和合作、引导学生探究、注重学生动手操作、进行思维或动作示范的选答率分别是85.4%、88.9%、83.8%、45.8%和64.4%。可见，在课堂教学中，青年教师仍不太注重学生的动手操作，这有可能是当前大学教育创新精神与实践能力缺失的一大原因。

6. 课堂教学效果的反思与评价

在反思与评价课堂教学效果时，大部分教师倾向于从学生学习的状态和学生学习的效果、质量等方面来进行反思与评价(比率分别为51.4%和35.5%)，另有 8.7%和 4.4%的教师分别从课堂教学气氛的活跃程度和自身对课堂的调控情况来加以评判。这反映出当前教师在评价课堂教学质量时，不仅关注学生学习的效果、质量，还关注学生学习过程中的状态，在一定程度上实现了过程与结果的统一。而不同水平的教师在反思、评价课堂教学效果上存在显著差异，其中在反思与评价学生的学习状态上，青年、中年、老年教师选答率分别为57.78%、8.39%和38.71%。也就是说，与中年、老年教师相比，青年教师更为关注学生在学习过程中的状态。而在对自我教学评价进行描述时，40%的教师认为自己积累了丰富的教学经验，能自如应付常规教学；28%的教师认为自己能根据具体的教学条件，创造性地处理教学目标、内容、过程等教学问题；19.6%的教师认为自己掌握了教学基本规律，有一定的教育教学理论积淀，11.1%的教师认为自己形成了教学个性和特色，1.3%的教师选答了"其他"。从教师的"自画像"中可以看出，大部分教师还是属于经验型教师，虽然具有了一定的教育教学理论或教育机制，但仍缺乏个性化的教学风格和特色。而且，不同年龄、不同教龄的教师对自我教学的评价存在显著差异，其中青年教师中大部分(约占32.14%)认为自己掌握了教学基本规律、有一定的教育教学理论积淀，这可能与青年教师善于学习、乐于接受新事物有关；大部分中年和老年教师(分别约占 41%和53.85%)则认为自己积累了丰富的教学经验，能自如应付常规教学。

三、结论与建议

(一) 结论

在教育教学理念上，深圳大学青年教师对一般教育教学原理的理解较为深刻，但难以结合具体学科做更深入的理解，出现了一般教学原理与具体学科教学原理的认知脱节的问题。在教育教学能力上，深圳大学青年教师对内容的处理过于简单化，主要停留在对原有教材内容的补充与拓展上，不敢删除其中不合理的内容，也难以独立开发出新的内容；教师了解学情的方式较为单一，主要凭经验和学生之前的作业、考试表现来做出推断，较少征求学生及其家长、同学的意见；教师在设计教学过程时对现代信息技术考虑较少，反映出教师的现代信息技术素养有待提升；教师运用教学行为时不太注重培养学生动手操作的能力，等等。此外，深圳大学青年教师对自我的评价还表明，大部分教师属于经验型、事务型教师，虽能自如应对常规工作，但尚未形成个性化的教学风格和特色。

(二) 建议

1. 加强教育教学新理念培训

依托学科进行教育教学新理念的培训，架起理念与实践之间的桥梁。教师对一般教学原理烂熟于心，但若无法迁移到对具体学科教学上，也就不一定会带来自身教学行为的革新。在一般教学原理向实践转化的过程中，结合学科解读教学原理是至关重要的一环。为此，在提升教师的教学品质时，教师培训需以学科为依托，架起理念与实践之间的桥梁。具体来说，对教师的新课程理念的培训要避免过度冒进，要分三个小步骤进行：首先，学习和研讨一般化的通识性的教育教学理论；其次，联系具体学科进行分学科的教育教学理论解读；最后，才是落实到具体学科教学实践中的操作演练。如此，才能更好地实现新课程理念的实践转化。此外，教师培训还要渗透现代信息技术理念，立足于提高教师的现代信息素养。

2. 着力培养批判精神和创新能力

鼓励教师突破创新，着力培养教师的批判精神和创新能力，加强教材建设。我们都知道，教材内容编写的周期较长，加之教材编写者视野和知识经验的局限，既定的教材不可避免地会出现一些不合时宜或脱离学生实际的内容。为此，教师要敢于"动"教材，弃其糟粕，取其精华。

因此，要全面提升教育的品质和教师的教学品质，就要鼓励教师敢于突破陈规，创造性地使用教材，并在处理教材的过程中着力培养教师的批判精神和创新能力。

3. 帮助教师拓宽教育教学信息获取渠道，不断提升合作意识和能力

如前所述，教师了解学情的方式较为单一，这在一定程度上反映出当前教师在设计教学时更多地倾向于独自进行教学设计，而较少与他人进行合作。其实，教育是一项需要社会各界人士关心和支持的事业，教师教学品质的提升也要善于假借外力为己所用。所以，高校一方面要帮助教师拓宽教育教学信息获取渠道，比如建立网络虚拟交互平台、即时信息发布系统等，及时搜集丰富而又全面的教学信息与素材；另一方面要引导教师学会与他人合作。教师合作的对象可以包括以下几个层面：同行层，如本校、本学科组教师等；领导层，如学校领导、上级领导等；关联层，如家长、朋友、家人等；智慧层，如专家、学者等；学生层，如本班、外班学生等。这样，随着合作意识和能力的不断增强，教师教学品质有望得到进一步的提升。

第三节　高校教师专业发展培养方案分析

为了促进高校教师专业发展，高校要加强对培养方案的完善。为使高校教师专业发展工作顺利开展，有效提升高校师资队伍建设水平，进而为建设高水平综合性大学提供有力的师资保障，高校需对高校教师专业发展培养方案进行分析。

一、专业发展原则

发展性：应关注教师的发展需求，关注教师发展过程，这有利于改进教育教学方式，提高教育教学质量。

全面性：要重视教师业务水平和职业道德修养的提高；要看到教师工作绩效和工作过程；要体现教师群体的互助协作，同时尊重教师的个体差异。

主动性：突出教师主体地位，使教师积极、主动参与评价，让教师处于评价主动地位，充分挖掘教师潜能，发挥教师特长。

多元性：教师专业发展评价的主体、内容、标准、方法、途径要多元化，使评价更具真实性和有效性，更全面、客观、公正。

导向性：教师专业发展评价面向未来，以发展为目标，目的是充分调动教师积极性，为教师工作提供规范与指导。

二、培养方案实施背景

深圳高校教师专业发展的现状如何？深圳高校教师专业发展的自主性如何？当前的继续教育模式对深圳高校教师专业发展影响如何？深圳高校教师在职培养方案与自身的专业发展有何联系？当前的线上教育平台所实施的培养方案在深圳实践的可行性如何？为了了解上述问题，通过调查和分析，笔者对深圳高校教师的专业发展现状做了归纳和分析。

深圳作为中国改革开放的前沿城市，经济较发达，教育发展水平较高。据统计，深圳的六个行政区全被评为广东省教育强区。目前深圳已经成为广东省教育强市且已经全面实现教育现代化，故对深圳高校教师整体师资水平要求较高。自 2003 年以来，深圳各高校先后开展了继续教育，使深圳高校教师专业发展具有较好的优势。

近年来，深圳各高校特别出台了教育人才的引进政策，如开设了人才引进的"绿色通道"。

1. 深圳高校教师继续教育形式多元化

为促进深圳高校教师专业的发展，鼓励高校教师在自身的教学工作岗位上不断线学习，并加快教育国际化人才培养，深圳还实施了骨干教师的海外培训计划。近年，深圳高校教师每年进行岗位培训，部分高校教师还参加了学科带头人、骨干教师的培训。

2. 深圳高校实施线上教育的可行性

随着互联网的迅猛发展，线上教育现已成为教育领域的一个热点。线上教育(online education)是指学习者和教育机构之间采用多媒体手段进行系统教学和通信联系的教育形式。随着互联网的迅速普及、信息技术的快速发展和广泛应用，深圳市整个社会的政治、经济、文化正发生着深刻的变革。线上教育为深圳高校教师初步构筑了一个快捷的、开放的、手段更加新颖的、内容更加丰富的教学环境。在线学习平台的通信技术、网络技术、多媒体技术、数字化技术、大数据技术应用的发展，特别是云学习平台的使用，使得多媒体信息的实时传递和双向交互成为现实，云学习教育平台的普及为深圳高校教师参与继续教育提供了方便，促进他们在工作之余学习专业知识和相关技术的要领。同时运用计算机网络所特有的信息数据库管理技术和双向交互功能，对每个网络学员的个性资料、学习过程和阶段情况等可以实现完整的系统跟踪记录、存储；另一方面，教学和学习服务系统可基于系统记录的个人资料，进行针对不同学员的个别式个性化学习建议、指导教学和应试辅导等。线上教育的这种特点，得到了广大深圳高校教师的喜爱，也成为深圳高校教师参与继续教育的主要学习平台。线上教育平台对参与专业继续教育的30位教师进行了调查分析，结果显示了他们对深圳高校线上继续教育的教学模型的认同度。具体的统计结果如表8-1所示。

表 8-1　深圳高校线上继续教育的教学模型的认同度统计表

主要内容	SD		D		A		SA		SCORE	SD
	N	P	N	P	N	P	N	P		
线上教育有助于完成学业	0	0.00%	0	0.00%	12	59%	19	61%	3.62	0.48
线上教育可操作性强	0	2.60%	0	7.60%	17	58%	12	39%	3.33	0.62
目前提供的网络资源和学习安排很好	1	0.00%	3	0.00%	13	41%	17	59%	3.58	0.47
线上教育满足了个人的学习愿望	0	2.60%	0	7.70%	16	53%	11	36%	3.22	0.71
目前对课程与信息技术的整合感觉很好	1	0.00%	3	0.00%	20	64%	9	29%	3.12	0.55
对线上教育的学习互动感觉很好	0	2.60%	0	0.00%	8	25%	22	71%	3.68	0.48

注：1. SD 表示强烈不支持，D 表示不支持，A 表示支持，SA 表示完全支持，N 表示每一项投票人数，P 表示投票人数在总人数的百分比，SCORE 表示得分，SD 表示单项标准偏差。

2. SCORE 计算公式：$SCORE = \sum A_i \cdot P_i$；$SD = \sqrt{\sum (A_i - score)^2 \cdot P_i}$。其中：$A_i$ 为各等级所赋的分值。SD 赋值为 1，D 赋值为 2，A 赋值为 3，SA 赋值为 4，P_i 为各等级的百分数。

由表 8-1 可知，上述 6 项统计结果的平均值大于 3，说明深圳高校教师对目前的线上教育持认可的态度，说明线上教育在深圳市已经成为深圳高校教师参与继续教育的主要平台。其中"线上教育有助于完成学业""线上教育的学习互动感觉很好"这两项的标准差为 0.48，平均值分别为 3.62 和 3.68。

为了能更进一步了解深圳高校教师对上述各项内容的看法，可采用统计图来直观体现学习者对线上教育平台实施继续教育的看法。

关于深圳线上教育平台学习模型的可操作性，认同和完全认同"线上教育可操作性强"这一观点所占的比例很大。这反映了线上教育在高校继续教育平台构建方面的切实可行性。线上教育可操作性认可度如图 8-1 所示。

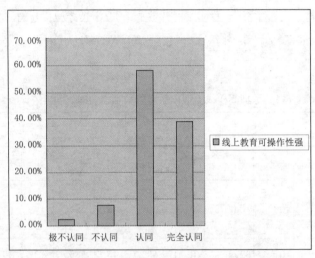

图8-1　线上教育可操作性认可度

在目前提供的网络资源和学习安排方面，认同和完全认同所占比例很大。这说明了线上教育所构建的学习环境是很重要的，同时大家对所安排的学习内容是持肯定态度的。对当前网络资源和学习安排认可度如图 8-2 所示。

对于"线上教育满足了个人的学习愿望"的观点，认同和完全认同所占的比例很大，说明了线上教育在学习形式上，能满足个人的需求，特别是在时空、地点等方面。线上教育满足了个人的学习愿望的认可度如图 8-3 所示。

对于"目前对课程与信息技术的整合感觉很好"的观点，认同和完全认同所占的比例很大，说明了在远程教育方面，课程与信息技术的整合以及学习形式的转变，得到了在职学习者的认可。目前对课程与信息技术的整合感觉很好的认可度如图 8-4 所示。

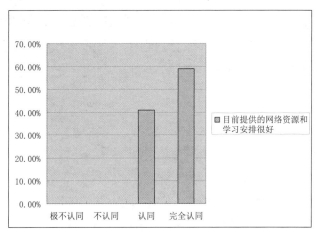

图8-2　网络资源和学习安排认可度

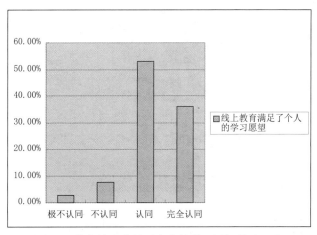

图8-3　线上教育满足了个人的学习愿望的认可度

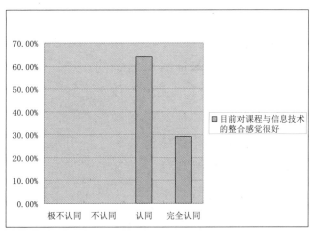

图8-4　目前对课程与信息技术的整合感觉很好的认可度

对于"对线上教育的学习互动感觉很好"的观点，认同和完全认同所占的比例很大，说明了在进行线上教育的过程中，教师与学习者的互动、学习者与教育机构的互动，得到了在职学习者的认可。对线上教育的学习互动感觉很好的认可度如图8-5所示。

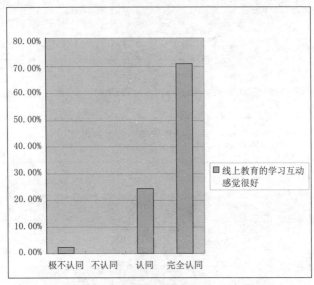

图8-5　对线上教育的学习互动感觉很好的认可度

三、深圳高校教师线上继续教育操作流程

目前，深圳高校教育管理部门非常重视深圳高校教师专业发展，并不断加强他们的在职学习管理。深圳高校教师在职学习的课程计划、报名、选择课程、选择时间等程序都通过线上进行操作。

深圳高校教师继续教育的质量水平，关系到深圳高校教师的进步与成长，也影响着高校教学改革的深化和素质教育目标的实现。继续教育，绝不只是教师进修学校或师范院校的责任，其形式也不仅有上课这一种。在实践中，教育管理部门需要把继续教育与教育科研和教育教学整合起来，注重教师的专业发展水平，这样才能优化配置各种培训资源。为了提升深圳高校教师综合素质，高校不仅要注重提高在职学习的教学质量，还要激发深圳高校教师在职学习的积极性，助力深圳高校教师线上教育平台实现在职学习计划的稳步开展。

1. 培训对象与学时数

深圳高校教师必须完成以五年为一周期、每年 60 学时的继续教育，其中 40 学时为线上教育课程。线上继续教育课程分为公共课和专业课两类。每名高校教师根据自身的专业发展需要，每学年须进修一门或以上所任学科课程(专业课程)，学时数不低于 24 学时。公共课和其他专业课不受学时限制。

2. 学习时间

深圳高校教师线上继续教育自实施以来，现已成为常规教学制度。每年 9 月至次年 8 月为一个继续教育学年。每学年分三个学期，其中每年 9 月至次年 1 月为第一学期、次年 3 月至 6 月为第二学期、次年 7 月至 8 月为第三学期。

3. 学员注册

深圳高校教师线上继续教育学籍管理工作，由教育管理部门教师继续教育领导小组办公室委托的培训院校(以下简称学籍管理院校)负责。新任及新调入的教师，均须到高校教师继续教育网站上进行注册，由学籍管理院校建档，并统一分配学员号和网上密码，作为其今后参加继续教育的身份凭据。具体学习流程如图 8-6 所示。

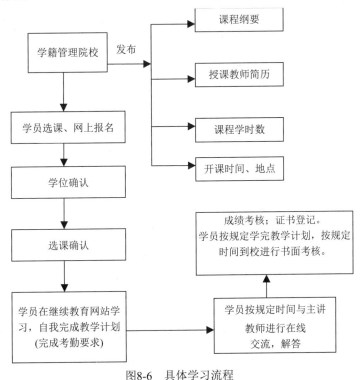

图8-6 具体学习流程

第四节　教育实践创新促进教师专业发展的机制分析

通过高校教育实践创新的教学改革来推动高校教师专业发展，一直是高校教育管理部门的努力方向。现以深圳高校教师为研究对象，研究其专业发展。虽然目前相关课题研究较少，但却是摆在我们面前的重要的研究课题。

一、深圳高校教师专业发展内容概述

深圳高校教师专业发展内容是指教师本人为自己的专业发展设计的一个计划，它可以为深圳教师的专业发展提供引导和监控，同时作为自身专业发展的参照。深圳高校教师专业发展内容有针对性地根据本身专业发展目的而定，主要包含两个重要方面。一是强调深圳高校的知识更新，也就是学科知识的更新。深圳作为广东省教育强市，经济和知识的快速发展使得高校教师更新学科知识更为重要。二是现在高校教育实践创新意识不断加强，这要求高校教师要不断获得知识和技术，而且要学会如何获得知识。在教学过程中让学生树立教育实践创新的意识显得尤其重要，这对教师学习新的技术提出了更高的要求。

二、深圳高校教师专业发展的能力分析

深圳作为中国沿海经济发达城市之一，在促进教师专业发展方面具有较为有利的条件。深圳的信息交流频繁，共享资源也非常丰富，且科技创新氛围日益浓厚，这为通过教育实践创新来促进高校教师的专业发展提供了有利条件。特别是深圳高校教师这一学历较高的特殊群体，虽知识结构较为扎实，但有些年轻教师教育实践创新经验薄弱，专业知识、专业素养、专业学习能力、科研实践能力等方面有待提高。在高校教学工作中强化教育实践创新的功能，促进教师专业发展，特别是通过教育实践创新的特点，分析教育实践创新对教师专业发展的影响，对进一步完善深圳高校教师专业发展模式，具有十分重要的指导意义和实践意义。深圳高校教师可以通过教育实践创新实现不断提高自身教师专业发展的目的。为了进一步了解教育实践创新对深圳高校教师专业发展内容有何影响，进一步理清深圳市高校教师专业发展的内涵，笔者结合近年来我国对教师专业发展的研究，分别对深圳大学、南方科技大学、深圳市高职院、深圳市技术大学、深圳市信息学院、深圳市新安学院等六所高校的近 60 位教师做了问卷调查，

对当前深圳高校教师专业发展的内容方面做了分析，得出以下结论。

(一) 深圳高校教师对其专业发展的自我评估

要了解深圳高校教师专业发展的真实内容，必须通过一线高校教师对教师专业发展的自我评估来了解目前深圳教师对专业发展知识内容的理解和看法如何，高校教师专业成长的关键是什么。为此，笔者根据有关文献资料对高校教师专业发展内容做了分析，同时了解了深圳高校教师在职教师考评内容，包括学科知识、技能、绩效，还与高校教师做了交流与访谈，最后得出的结论是，在日益浓厚的教育实践创新氛围下，深圳高校教师专业发展内容主要包括学科专业知识、信息素养水平、教育教学技能、教育科研能力、终身学习能力、与其他教师合作的能力、计算机应用能力、获取综合知识的能力这八个方面。对深圳高校教师专业发展具备的能力的调查结果如表8-2所示。

表8-2 深圳高校教师专业发展具备的能力

项目	访问人数	认为好的人数	所占访问人数的比例
学科专业知识	60	56	93.33%
信息素养水平	60	50	83.33%
教育教学技能	60	52	86.67%
教育科研能力	60	54	90%
终身学习能力	60	56	93.33%
与其他教师合作的能力	60	51	85%
计算机应用能力	60	53	88.33%
获取综合知识的能力	60	55	91.67%
其他	60	10	16.67%

从深圳高校教师对专业发展的认可度可以看出，对这八个方面认为好的人数比例都在80%以上，说明深圳高校教师对当前上述专业发展的内容是认可的。对其他方面的认为好的人数仅占 16.67%，说明这八个方面对深圳高校教师专业发展内容的描述是比较恰当的。

目前，深圳市要成为国际都市，离不开高素质的教师队伍。这对教师教育提出了更高的要求，必须明确深圳高校教师专业发展的内容与方向，立足目标，完善自我。近年来，深圳各高校非常重视教师队伍的专业发展，即为教师专业发展提供一个学习或开展讲座的平台。教育管理部门根据深圳高校教师教学考核内容，实施了一系列举措来促进教师专业发展。深圳高校教师专业发展的培养构建结构如图8-7所示。

通过图8-7我们可以看出，深圳市对深圳高校教师的专业发展目标很明确，为深圳高校教师提供了继续教育的机会。深圳高校教师由于教学任务繁重、对继续教育的时间难以安排且又是在职继续教育，因此以传统的学习方式难以调动他们的学习积极性，也难以促进他们的专业发展。针对这种情况，线上教育平台构建的学习环境，让深圳高校教师不出家门、不受时间限制就可以完成学习任务。考核结果与个人的职称评审、专业发展相结合，对深圳高校教师的专业发展有重要作用，有效提高了深圳高校教师的继续教育积极性，增强了教师的学科专业知识、提高了教师的信息素养水平、教育教学技能、教育科研能力、终身学习能力、与其他教师合作的能力、计算机应用能力和获取综合知识的能力。

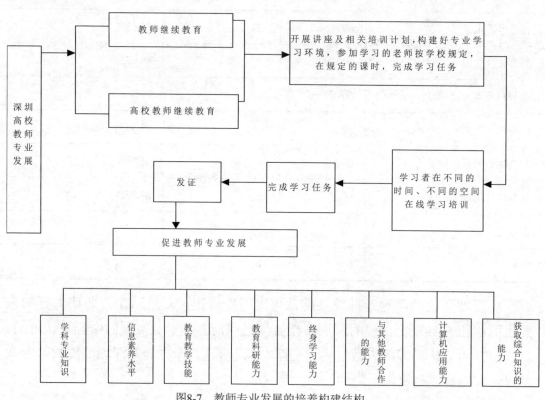

图8-7　教师专业发展的培养构建结构

(二) 深圳高校教师专业发展内容的定位

通过上述分析，结合归纳出来的深圳高校教师专业发展内容，我们对深圳大学、深圳市高等职业技术学院、深圳市信息学院等高校教学第一线的十五位高级职称教师进行了访问，对本研究8个问题的调查结果进行比较，然后通过权重分析，进行排位。

为了能对深圳高校教师专业发展内容进行有效且进一步的研究，首先须对深圳高校教师专业发展内容进行准确定位,因为只有对这些内容进行准确定位,才能对深圳高校教师专业发展通过远程教育平台的学习效果进行重点分析。对深圳高校教师专业发展内容所确定的8个一级评估指标为：学科专业知识、信息素养水平、教育教学技能、教育科研能力、终身学习能力、与其他教师合作的能力、计算机应用能力、获取综合知识的能力。

为了能进一步了解各项指标的权重，所实施的步骤如下。

第一步：将事先分析研究所确定的一级指标列出，如表8-3所示，然后请各专家(深圳大学教授、深圳市高职院教授)各自独立地就表中纵、横排列的各因素，按其重要性进行两两比较(序数表决过程)。

表8-3　深圳高校教师专业发展评估因素两两比较评价

评估因素	学科专业知识	教育教学技能	信息素养水平	教育科研能力	终身学习能力	与其他教师合作的能力	计算机应用能力	获取综合知识的能力
学科专业知识								
教育教学技能								
信息素养水平								
教育科研能力								
终身学习能力								
与其他教师合作的能力								
计算机应用能力								
获取综合知识的能力								

注：1. 填答者对上述指标在评估中的重要性进行排序。按"行"的方向，如果您认为表中 A 列的某因素好于 B 行的某因素，请用符号"+"；如果您认为 A 列的某因素劣于 B 行的某因素，请用符号"−"；如果您认为 A 列的某因素与 B 行的某因素同等重要，请用符号"="。

2. 根据对称性，对角线穿过的格子及该直线下方的格子不用填(避免发生所填两个对称格子的内容不一致)。

3. 选择者必须坚持传递性规则，即如果 x 因素好于 y 因素，y 因素好于 z 因素，那么 x 因素好于 z 因素；如果 x 因素与 y 因素无差异，y 因素与 z 因素无差异，那么 x 因素与 z 因素无差异。

第二步：各专家独立填写的两两比较评价结果如表 8-4 所示。在整理过程中，我们做了传递性检查[这是阿罗(KENNETHJ.ARROW)在公共选择方法中所强调的重要条件]，将有违传递性的填表作为"废卷"剔除。在统计汇总时，我们依据权重分析的有关公式，在每一项指标值中，将选"+"的调查人数与选"−"的调查人数相减，再除以总的调查人数，可得出值。各专家判断结果的汇总见表。

表8-4　八个一级指标的两两比较汇总

评估因素	学科专业知识	教育教学技能	信息素养水平	教育科研能力	终身学习能力	与其他教师合作的能力	计算机应用能力	获取综合知识的能力
学科专业知识	1							
教育教学技能	20%	1						
信息素养水平	60%	-1	1					
教育科研能力	-80%	-1	0	1				
终身学习能力	20%	0	80%	20%	1			
与其他教师合作的能力	-40%	-80%	0	0	-40%	1		
计算机应用能力	-80%	-1	-40%	-40%	-20%	40%	1	
获取综合知识的能力	-40%	-60%	1	-20%	0	40%	20%	1

第三步：调查数据的处理与分析。比照萨特定义的 1-9、1/9、-1/2 标度，

按照如下规则做映射。

对指标 AI(I=1、2、3、4、5)，当"好于""劣于"的票数相互抵消，或全部得票都是"等于"时(或"好于""劣于"净票数的百分比低于10%时)，建立映射→1。

"好于"的净票数的百分比在 11%~20%、21%~30%、31%~40%、41%~50%、51%~60%、61%~70%、71%~80%、81%~90%或以上时，分别建立映射 1/2、1/3、1/4、1/5、1/6、1/7、1/8、1/9。需要说明的是，这个映射规则是"二步映射规则"，即它由每个投票人(1)独立地对每个备选对象(一级指标)做价值判断；(2)群体价值判断总和的统计结果所(映射)决定，而不是由每个人根据两两比较的主观判断去直接定义。经过这样的映射，1-9标度(及其倒数标度)不再具有个人主观性，而是由群体选择结果的百分比来决定成对比较矩阵的标度，这样的方法可以避免权重设计中萨特标度方法的"阿罗困境"。把第二步得到的表通过上述映射得到成对比较矩阵，如表 8-5 所示。

表8-5　利用改进方法后得到的成对比较矩阵

评估因素	学科专业知识	教育教学技能	信息素养水平	教育科研能力	终身学习能力	与其他教师合作的能力	计算机应用能力	获取综合知识的能力
学科专业知识	1	1/2	7	9	2/1	5	9	9
教育教学技能	3	1	9	9	1	9	9	7
信息素养水平	1/6	1/9	1	1	1/8	1	5	1/9
教育科研能力	1/8	1/9	1	1	1/2	1	5	3
终身学习能力	3	1	9	3	1	5	3	1
与其他教师合作的能力	1/4	1/8	1	1	1/4	1	1/4	1/4
计算机应用能力	1/8	1/9	1/4	1/4	1/2	5	1	1/2
获取综合知识的能力	1/4	1/6	9	1/2	1	5	3	1

第四步：经过统计计算，参考有关绩效评估权重设计中的 AHP 法的文献资料，确定各级指标的权重值如表 8-6 所示。

表8-6　各级指标的权重值

因素	学科专业知识	教育教学技能	信息素养水平	教育科研能力	终身学习能力	与其他教师合作的能力	计算机应用能力	获取综合知识的能力
权重(值)	0.2403	0.3064	0.0384	0.0679	0.1899	0.0281	0.0368	0.0922

根据上述对各项指标权重值的分析，确定各项指标的排列先后顺序如表 8-7 所示。

表8-7　各指标权重值排序

序号	因素	权重(计算值)
1	教育教学技能	0.3064
2	学科专业知识	0.2403
3	终身学习能力	0.1899
4	获取综合知识的能力	0.0922
5	教育科研能力	0.0679
6	信息素养水平	0.0384
7	计算机应用能力	0.0368
8	与其他教师合作能力	0.0281

通过上述的定位分析研究，在深圳高校教师专业发展内容方面，专家认为目前深圳高校教师专业发展最重要的内容是教育教学技能和学科专业知识。从上表所得出的权重情况对研究深圳高校教师专业发展内容也具有重要作用。

三、学习内容对专业能力发展的分析

通过对上述内容的了解，所开设的课程既具有理论性，也具有竞技性和社会性，内容非常实用，结合深圳高校教师的特点，既注重教师自身竞技水平的提高，也注重综合能力水平的提高。通过课程结构及内容来看，笔者认为通过线上教育平台的学习，教师能够在专业能力方面得到发展。

(一) 增强学科专业知识

从理论上说，教师专业发展的执行者包括政府教育管理部门、教师教育与培训机构、教师任职学校和教师本人等。目前，深圳高校非常注重教师的校本培训，成立了专门机构研究教学，以增强学科专业知识。有些学校形成了奖励机制以激励教师参加有关的继续教育，并将继续教育作为资格认定的重要条件，进一步加强对教师专业发展的重视程度。深圳高校教师通过线上教育平台进行课程学习，不仅在教育教学理论、技术要领等方面得到了提升，同时也加深了对教育实践创新技术的了解。此外，教师的创新意识也得到了显著提高。

(二) 提高深圳高校教师信息素养水平

深圳高校教师通过线上教育平台实施继续教育，旨在提升深圳高校教师这一群体获取信息和鉴别信息的能力。目前，在日常教学过程中，教师信息素养直接影响了课堂教学的质量，教师的专业知识只有运用在实际的教学工作中才能发挥作用，同时教师要在自身的实践创新中不断完善理论知识，进一步提高信息素养水平。信息素养不应该是教师们喊的口号，计算机等设备也不应该是学校在炫耀自身实力时所显示出来的高科技摆设。信息技术的应用应当真正走入当代教学中，成为其中的重要组成部分。深圳高校教师在目前所开设的课程中学习，利用平台获取知识和信息的能力得到了提高，这对深圳高校教师自身的专业发展起到了积极的促进作用。

(三) 提高深圳高校教师教育教学技能

教育教学技能是教师把已具备的知识转化为促进学生学习和实践的能力，在提升教育教学技能时，必须从教学理念、教学任务、教学内容和教学形式等方面着眼。随着教师专业化研究的不断深入和对教师群体的职业素质要求的不断提高，对教师教学技能的要求也应随着时代的发展不断更新。教学技能总是被看作教师素养的一个组成部分。对于教师素养这个整体来说，目前，高校越来越注重教师的专业精神、专业态度和专业知识的重要性。从教育实践来看，对于教育的理性认识不仅有助于教师不断重新认识自己、认识教学，还能帮助教师建立更符合时代要求的学生观、教学观、教育观，同时，任何先进的教育理念，都必须通过教学来实践和贯彻。关键在于教师是否具备将这些理念付诸课堂教学实践的能力与技能。深圳高校近年所组建的线上教育平台，重点提升与教学效果有较高相关度的教师的表达能力、组织能力、诊断学生学习困难的能力，以及思维的条理性合理性，从而有助于进一步提高深圳高校教师教育教学的能力。

(四) 提高深圳高校教师教育科研能力

教育科研能力是一种高级的、源于教育实践而又有所超越和升华的创新能力，具体而言，它要求教师掌握扎实的教育学、心理学的理论知识和方法论知识，具备收集利用文献资料、开发和处理信息的能力和较好的文字表达能力。此外，教育科研能力还体现在教师的勇于开拓、敢于挑战的精神，以及严谨的治学作风和执着的奉献精神等方面。

深圳高校教师具备教育科研能力不仅可以丰富和发展教育理论，而且符合时代对广大教师的要求。为进一步深化教育改革，全面实施素质教育，培养学生的创新精神和实践能力，社会对教师的素质提出了新的要求。为实现深圳教育强市的宏伟目标，深圳近年提出教师必须是科研型的教师，必须具备高水平的教育科研能力。深圳高校教师在提升学科专业知识、获取综合信息能力的同时，也要不断提高科研能力。

(五) 提高深圳高校教师终身学习能力

终身学习已经成为人们的共识和世界性趋势，而人们的学习主要是在没有老师的指导下进行的。所谓自学能力，就是基于已经理解和记忆的知识，独立钻研，自觉探索，获取新知识的能力。深圳目前实施继续教育模式的目的是通过学习来进一步提高深圳高校教师的自我学习的能力，从而使每一位教师在教学工作中不断线学习，进而提升高校教师专业发展的水平。

(六) 提高与其他教师合作的能力

在教师合作方面，校内与校际间的教师合作，是深圳高校教师专业发展的形式之一。有效的教育发展方法是将自我发展与外部联系起来。深圳目前的继续教育模式可以有效地提高教师合作的意识，通过网络平台可以加强校际之间的交流，让教师能够以超越个人的眼界来看待问题、树立合作意识和提高班级管理能力。

(七) 提高深圳高校教师计算机应用能力

现在的社会日新月异，高科技发展迅猛，因此教师需要掌握一定的计算机知识，并善于利用网络资源进行教学。教师可以把优质的教育资源运用到自己的课堂教学中，这样教学质量就会不断提升。同时它也对教师提出了更高的要求，教师需要改变以往提问只是为了得到简单解答的方式，给予学生更大的探索空间，引导学生自己去寻找答案。在鼓励学生到网上去查找相关的资料、收集课本以外的知识的同时，还要注意学科间的整合以及网络知识的运用，达到信息技术与学科教学的整合。教师应利用网上的教育资源为教学服务，促进学生的发展，并提高自身的计算机应用能力。

(八) 提高获取综合知识的能力

通过各课程的学习，教师将学习内容有效融入课堂教学中，既要重视学习结果，更要重视学习过程，从而进一步提高教师获取知识的能力和运用综合知识的能力。在教学过程中，教师应抓住教学重点，通过引导学生回顾旧知识，激发学生探索新知识的兴趣，鼓励学生动手操作、归纳推理；同时，教师应不断运用探索性的设问，引导学生深入思考。要做到这一点，需要教师在教学过程及日常的教学工作中具备极强的获取综合知识的能力。尤其是在信息流通快、知识更新快的深圳，深圳高校教师专业发展非常重视教师获取综合知识的能力。

目前，高校教师的培养已经逐步成为大学教育制度的一个重要组成部分。深圳高校在教师专业发展中所起的作用越来越大。深圳市借助深圳各高校专业的发展，凸显了新时代创新的重要性。创新是深圳的灵魂。为了实现教育强市的目标，在终身教育思想指导下，根据深圳高校教师专业发展的要求，需要对教师的培养做全盘考虑和整体设计，通过改革教师教育来促进教师专业发展，提高深圳高校教师的专业化水平，进一步提升深圳高校师资队伍水平。

第五节　教育实践创新对高校教师专业发展作用的分析

教育实践创新对高校教师专业发展具有促进作用。我们通过问卷调查、数理统计和访谈分析等研究方法，对深圳六所高校(深圳大学、南方科技大学、深圳技术大学、深圳职业技术学院、深圳市新安学院、深圳信息学院)的教师进行了调研，分析了他们通过线上教育平台学习前后的专业发展效果。

一、问卷调查

(一) 问卷的形成

根据教师专业发展效果分析的需要，在设计问卷前，我们针对深圳高校教师专业发展的八个专业能力研究指标，对深圳六所高校的教师进行了开放式的访谈，并且对每个指标所涵盖的内容进行开放式提问。

接着，对被访教师的答案进行分析总结，提炼出每个指标所需调查问卷内容。

然后，根据所掌握的文献资料补充完善各种因素及因子，根据各个指标的不同特点，和文献对各个指标的理解，从理论、技能、应用、能力、分析等五个维度，编制了教育教学技能调查问卷、学科专业知识调查问卷、终身学习能力调查问卷、获取综合知识的能力调查问卷、教育科研能力调查问卷、信息素养水平调查问卷、计算机应用能力调查问卷、与其他教师合作的能力调查问卷。

再后，对深圳六所高校教师进行初试。

最后，根据初试结果对问卷因素和因子进行一定的调整，形成深圳高校教师专业发展效果的问卷。每个问卷和每道题都是深圳高校教师在使用线上教育平台学习前后，通过对比和自我评价后完成的。

(二) 问卷调查的实施过程

1. 问卷调查对象

根据研究的需要，我们在设计问卷前对深圳高校从事教学的教师(具有教授、副教授职称)进行了访问调查，并在此基础上对各指标的问卷内容进行归类，从而设计出问卷。经专家评估后，将参加线上继续教育的 62 名高校教师作为样本进行了问卷调查。

2. 问卷的发放与回收

对深圳高校教师进行了问卷调查，采用当面发放与回收问卷的方式。问卷的发放与回收情况见表 8-8 至表 8-15。

表8-8　教育教学技能问卷发放、回收情况一览表

单位：人

	深大	南科大	深技大	深职院	新安学院	信息学院
发放问卷	11	12	10	10	11	11
回收问卷	11	10	10	9	11	11

表8-9　学科专业知识问卷发放、回收情况一览表

单位：人

	深大	南科大	深技大	深职院	新安学院	信息学院
发放问卷	9	10	12	8	10	10
回收问卷	8	8	10	7	9	9

表8-10　终身学习能力问卷发放、回收情况一览表

单位：人

	深大	南科大	深技大	深职院	新安学院	信息学院
发放问卷	7	9	10	6	7	7
回收问卷	6	8	9	6	7	7

表8-11　获取综合知识的能力问卷发放、回收情况一览表

单位：人

	深大	南科大	深技大	深职院	新安学院	信息学院
发放问卷	10	12	12	11	13	12
回收问卷	9	11	11	10	11	11

表8-12　教育科研能力问卷发放、回收情况一览表

单位：人

	深大	南科大	深技大	深职院	新安学院	信息学院
发放问卷	11	12	12	10	11	11
回收问卷	11	10	11	9	11	11

表8-13 信息素养水平问卷发放、回收情况一览表

单位：人

	深大	南科大	深技大	深职院	新安学院	信息学院
发放问卷	10	12	12	11	13	12
回收问卷	9	10	11	10	11	11

表8-14 计算机应用能力问卷发放、回收情况一览表

单位：人

	深大	南科大	深技大	深职院	新安学院	信息学院
发放问卷	12	11	11	10	12	11
回收问卷	11	10	11	9	11	11

表8-15 与其他教师合作的能力问卷发放、回收情况一览表

单位：人

	深大	南科大	深技大	深职院	新安学院	信息学院
发放问卷	11	10	12	10	12	12
回收问卷	9	11	11	10	10	11

(三) 问卷的效度与信度

效度检验：为确保问卷的有效性，我们请10位高校教育专家对问卷内容进行了效度评价，再根据他们的意见进行必要的修改和补充，随后发放。专家对问卷设计总体评价结果如表8-16所示。

表8-16 专家对问卷设计总体评价结果

单位：人

评价等级　　问卷	很合适	合适	基本合适	不合适于	很不合适
教育教学技能问卷	3	4	3	0	0
学科专业知识问卷	4	3	3	0	0
终身学习能力问卷	4	4	2	0	0
获取综合知识的能力问卷	2	5	3	0	0
教育科研能力问卷	5	4	1	0	0

(续表)

评价等级 问卷	很合适	合适	基本合适	不合适于	很不合适
信息素养水平问卷	6	1	3	0	0
计算机应用能力问卷	7	2	1	0	0
与其他教师合作的能力	6	3	1	0	0

信度检验：信度检验采用了折半法分析，分别求得教育教学技能问卷的相关系数 r=0.871，且 P<0.05；学科专业知识问卷的相关系数 r=0.831，且 P<0.05；终身学习能力问卷的相关系数 r=0.871，且 P<0.05；获取综合知识能力问卷的相关系数 r=0.852，且 P<0.05；教育科研能力问卷的相关系数 r=0.841，且 P<0.05；信息素养水平问卷的相关系数 r=0.832，且 P<0.05；计算机应用能力问卷的相关系数 r=0.853，且 P<0.05；与其他教师合作能力问卷的相关系数 r=0.841，且 P<0.05。

数理统计法：本研究采用了 SPSS12.0 与 EXCEL2008 统计软件进行数理统计。

二、教师专业发展效果分析

前面已经对深圳高校教师专业发展内容做了分析，并根据权重对它们进行了定位研究，还通过调查数据对每一项专业能力进行了数理统计和分析。在此基础上，接下来对深圳高校教师在线上教育平台学习前后的专业发展效果做进一步的分析。

(一) 教育教学技能的效果分析

深圳高校教师通过线上教育平台进行继续教育的学习，完成所规定的学习内容。本研究以问卷的形式，对深圳高校教师自身教育教学技能学习前后的效果打分，再进行检验和比较。教学技能效果的检验结果如表 8-17 所示。

表8-17 教学技能效果检验结果

		Paired Differences				t	df	Sig.(2-tailed)
		Mean	std. Deviation	Std.Error Mean	95% Confidence Interval of the Difference			
					Lower	Upper		
Pair 1	学习前学科思维与表达能力-学习后学科思维与表达能力	-8.581	4.355	.553	-9.687	-7.475	-15.513	61	.000
Pair 2	学习前在授课过程中书面表达能力-学习后在授课过程中,书面表达能力	-10.242	4.003	.508	-11.258	-9.225	-20.147	61	.000
Pair 3	学习前口头阅读能力-学习后口头阅读能力	-8.452	3.597	.457	-9.365	-7.538	-18.500	61	.000
Pair 4	学习前科学提问能力-学习后科学提问能力	-8.274	4.029	.512	-9.297	-7.251	-16.169	61	.000
Pair 5	学习前善于倾听能力-学习后善于倾听能力	-8.242	3.762	.478	-9.197	-7.287	-17.250	61	.000
Pair 6	学习前讲授能力-学习后讲授能力	-7.935	3.440	.437	-8.809	-7.082	-18.185	61	.000
Pair 7	学习前板书能力-学习后板书能力	-8.742	3.501	.445	-9.631	-7.853	-19.659	61	.000
Pair 8	学习前探究活动的能力-学习后探究活动的能力	-9.597	3.766	.478	-10.553	-8.641	-20.068	61	.000

由表 8-17 可知,所设计的教育教学技能的八个问题包括自身的学科思维与表达能力、书面表达能力、口头阅读能力、科学提问能力、善于倾听能力、讲授能力、板书能力、探究活动能力。通过教师自身学习前后的比较,可以看出,在配对 T 检验中,八个问题的显著性水平值均为 0,说明深圳高校教师对自身的教育教学技能在通过目前的在职学习后呈现显著性差异,也就是说教育教学技能通过学习得到了提升。

(二) 学科专业知识的效果分析

深圳高校教师通过线上教育平台进行继续教育的学习,完成所规定的学习内容。本研究以问卷的形式,对深圳高校教师自身学科专业知识学习前后的效果打分,再进行了检验和比较,学科专业知识的效果检验结果如表 8-18 所示。

表8-18 学科专业知识效果检验结果

		Paired Differences					t	df	Sig.(2-tailed)
		Mean	std. Deviation	Std.Error Mean	95% Confidence Interval of the Difference				
					Lower	Upper			
Pair 1	学习前专业理论水平-学习后专业理论水平	-5.431	8.782	1.230	-7.901	-2.961	-4.417	50	.000
Pair 2	学习前在授课过程中,运用本学科专业知识体系的能力-学习后在授课过程中,运用本学科专业知识体系的能力	-10.235	3.266	.457	-11.154	-9.317	-22.384	50	.000
Pair 3	学习前对本学科专业知识广度-学习后对本学科专业知识广度	-10.922	3.411	.478	-11.881	-9.962	-22.867	50	.000
Pair 4	学习前对本学科专业知识深度-学习后对本学课专业知识深度	-10.275	3.688	.516	-11.312	-9.237	-19.894	50	.000
Pair 5	学习前对本学科专业知识与其他学科专业知识的整合能力-学习后对本学科专业知识与其他学科专业知识的整合能力	-6.784	9.233	1.293	-9.381	-4.187	-5.247	50	.000
Pair 6	学习前对本学科专业知识传授能力-学习后对本学科专业知识传授能力。	-9.980	3.432	.481	-10.946	-9.015	-20.767	50	.000
Pair 7	学习前对本学科专业知识创新能力-学习后对本学科专业知识创新能力	.255	1.798	.252	-.251	.761	1.012	50	.316

由表 8-18 可知,所设计的学科专业知识的七个问题包括专业理论水平、运用本学科专业知识体系的能力、本学科专业知识广度、本学科专业知识深度、本学科专业知识和其他学科专业知识的整合能力、本学科专业知识传授能力、本学科专业知识创新能力。通过教师自身学习前后的比较,可以看出,在配对 T 检验中,其中六个问题的显著性水平值均为 0,说明在这些方面检验存在显著性差异。但对本学科专业知识创新能力方面显著性水平值为 0.316,说明深圳高校教师在目前学科专业知识创新方面缺乏显著性差异,也就是说学科专业知识创新方面的学习内容仍需改进。

(三) 终身学习能力的效果分析

深圳高校教师通过线上教育平台进行继续教育的学习，完成所规定的学习内容。对深圳高校教师自身终身学习能力学习前后的效果打分，再进行检验和比较，终身学习能力的效果的检验结果如表 8-19 所示。

表8-19　终身学习能力的效果的检验结果

		Paired Differences					t	df	Sig.(2-tailed)
		Mean	std. Deviation	Std.Error Mean	95% Confidence Interval of the Difference				
					Lower	Upper			
Pair 1	学习前读写能力-学习后读写能力	-8.605	2.422	.369	-9.350	-7.859	-23.301	42	.000
Pair 2	学习前批判性思维能力-学习后批判性思维能力	-9.744	2.953	.450	-10.653	-8.835	-21.640	42	.000
Pair 3	学习前解决问题的能力-学习后解决问题的能力	10.525	2.281	.407	11.520	0.521	21.182	42	.000
Pair 4	学习前首创精神能力-学习后首创精神能力	-9.116	6.261	.955	-11.043	-7.189	-9.548	42	.000
Pair 5	学习前风险评估能力-学习后风险评估能力	-8.209	7.903	1.205	-10.641	-5.777	-6.812	42	.000
Pair 6	学习前决策能力-学习后决策能力	-0.004	5.921	.900	-10.706	-7.062	-9.009	42	.000
Pair 7	学习前情绪管理能力-学习后情绪管理能力	-6.930	4.317	.658	-8.259	-5.602	-10.526	42	.000
Pair 8	学习前文化表达能力-学习后文化表达能力	-8.180	5.151	.780	-9.771	-6.601	-10.421	42	.000

由表 8-19 可知，所设计的终身学习能力的八个问题包括读写能力、批判思维能力、解决问题的能力、首创精神能力、风险评估能力、决策能力、积极的情绪管理能力、文化表达能力。通过教师自身学习前后的比较，可以看出，在配对 T 检验中，八个问题的显著性水平值均为 0，说明本研究对终身学习能力所设计的八个问题的检验呈显著性差异，也就是说通过学习，深圳高校教师在这方面的能力得到了提升。

(四) 获取综合知识能力的效果分析

深圳高校教师通过线上教育平台进行继续教育的学习，完成所规定的学习内容。本研究以问卷的形式，对深圳高校教师自身获取综合知识能力学习前后的效果打分，再进行检验和比较，获取综合知识能力的效果的检验结果如表 8-20 所示。

表8-20　获取综合知识能力的效果检验

		Paired Differences					t	df	Sig.(2-tailed)
		Mean	std. Deviation	Std.Error Mean	95% Confidence Interval of the Difference				
					Lower	Upper			
Pair 1	学习前学科内获取综合知识能力-学习后学科内获取综合知识能力	-9.444	5.576	.702	-10.849	-8.040	-13.444	62	.000
Pair 2	学习前跨学科获取综合知识能力-学习后跨学科获取综合知识能力	-8.873	5.335	.672	-10.217	-7.529	-13.200	62	.000
Pair 3	学习前从生活环境中获取综合知识的能力-学习后从生活环境中获取综合知识的能力	-14.492	5.631	.709	-15.910	-13.074	-20.428	62	.000
Pair 4	学习前自我学习中获取综合知识能力-学习后自我学习中获取综合知识能力	-9.571	4.264	.537	-10.645	-8.497	-17.816	62	.000
Pair 5	学习前在多元化信息中获取综合知识的能力-学习后在多元化信息中获取综合知识的能力	-9.540	5.373	.677	-10.893	-8.187	-14.093	62	.000

由表 8-20 可知，所设计的获取综合知识能力的五个问题包括学科内获取综合知识能力、跨学科获取综合知识能力、生活环境中获取综合知识的能力、自我学习中获取综合知识能力、在多元化信息中获取综合知识的能力。可以看出，在配对 T 检验中，五个问题的显著性水平值均为 0，说明本研究对获取综合知识能力所设计的五个问题的检验呈显著性差异，也就是说通过学习，深圳高校教师在这方面的能力得到了提升。

(五) 教育科研能力的效果分析

深圳高校教师通过远程教育平台进行继续教育的学习，完成所规定的学习内容。本研究以问卷的形式，对深圳高校教师自身教育科研能力学习前后的效果打分，再进行检验和比较，教育科研能力的效果检验结果如表 8-21 所示。

表8-21　教育科研能力效果检验

		Paired Differences					t	df	Sig.(2-tailed)
		Mean	std. Deviation	Std.Error Mean	95% Confidence Interval of the Difference				
					Lower	Upper			
Pair 1	学习前自主学习能力-学习后自主学习能力	-9.810	3.089	.389	-10.588	-9.031	-25.203	62	.000
Pair 2	学习前运用科研方法能力-学习后运用科研方法能力	-9.476	2.845	.358	-10.193	-8.760	-26.441	62	.000
Pair 3	学习前优化研究过程能力-学习后优化研究过程能力	-10.333	3.248	.409	-11.151	-9.515	-25.253	62	.000
Pair 4	学习前选择课题的能力 -学习后选择课题的能力	-10.222	3.304	.416	-11.054	-9.390	-24.556	62	.000
Pair 5	学习前设计研究方案能力-学习后设计研究方案能力	.365	1.962	.247	-.129	.859	1.477	62	.145
Pair 6	学习前合作研究与交流能力-学习后合作研究与交流能力	-10.079	3.530	.445	-10.968	-9.190	-22.663	62	.000
Pair 7	学习前积累和分析研究资料能力-学习后积累和分析研究资料能力	-10.222	3.304	.416	-11.054	-9.390	-24.556	62	.000

由表 8-21 可知，所设计的教育科研能力的七个问题包括自主学习能力、运用科研方法能力、优化研究过程能力、选择课题的能力、设计研究方案能力、合作研究与交流能力、积累和分析研究资料能力。通过教师自身学习前后的比较，可以看出，在配对 T 检验中，六个问题的显著性水平值均为 0，说明这些问题的检验呈显著性差异。但其中的设计研究方案能力方面，显著性水平值为 0.145，说明这方面的能力在学习后仍呈缺乏显著性差异，也就是说深圳高校教师在这方面的能力仍有待提高，这方面的教学内容仍需改进。

(六) 信息素养水平的效果分析

深圳高校教师通过线上教育平台进行继续教育的学习，完成所规定的学习内容。对深圳高校教师自身信息素养水平能力学习前后的效果打分，再进行检验和比较。信息素养水平的效果检验结果如表 8-22 所示。

表8-22 信息素养水平的效果检验

		Paired Differences					t	df	Sig.(2-tailed)
		Mean	std. Deviation	Std.Error Mean	95% Confidence Interval of the Difference		t	df	Sig.(2-tailed)
					Lower	Upper			
Pair 1	学习前获取信息能力 学习后获取信息能力	-7.468	3.793	.482	-8.431	-6.505	-15.504	61	.000
Pair 2	学习前利用信息能力 学习后利用信息能力	-7.532	3.878	.493	-8.517	-6.547	-15.293	61	.000
Pair 3	学习前开发信息能力 学习后开发信息能力	.323	1.809	.230	-.137	.782	1.404	61	.165
Pair 4	学习前辨别信息能力 学习后辨别信息能力	-8.226	3.522	.447	-9.120	-7.331	-18.388	61	.000
Pair 5	学习前储存信息能力 学习后储存信息能力	-8.016	4.241	.539	-9.093	-6.939	-14.884	61	.000
Pair 6	学习前评价信息能力 学习后评价信息能力	.355	2.017	.256	-.157	.867	1.385	61	.171
Pair 7	学习前组织信息能力 学习后组织信息能力	-7.758	4.088	.519	-8.796	-6.720	-14.943	61	.000
Pair 8	学习前信息整合能力 学习后信息整合能力	-7.532	3.634	.461	-8.455	-6.609	-16.322	61	.000

由表 8-22 可知，所设计的信息素养水平的八个问题包括获取信息能力、利用信息能力、开发信息能力、辨别信息能力、储存信息能力、评价信息能力、组织信息能力、信息整合能力。通过教师自身学习前后的比较，可以看出，在配对 T 检验中，对本研究所设计的问题中的六个能力问题的显著性水平值均为 0，说明在这些方面的能力呈显著性差异。但在教师开发信息能力和评价信息能力方面，显著性水平值分别为 0.165 和 0.171，说明这两方面能力无显著性差异，也就是说在学习后深圳高校教师在这两方面的能力提高不大，教学内容仍需改进。

(七) 计算机应用能力的效果分析

深圳高校教师通过线上教育平台进行继续教育的学习，完成所规定的学习内容。对深圳高校教师自身计算机应用能力学习前后的效果比较打分，再进行检验和比较，计算机应用能力的效果的检验结果如表 8-23 所示。

表8-23　计算机应用能力的效果检验

		Paired Differences					t	df	Sig.(2-tailed)
		Mean	std. Deviation	Std.Error Mean	95% Confidence Interval of the Difference				
					Lower	Upper			
Pair 1	学习前计算机操作能力-学习后计算机操作能力	-10.032	3.374	.425	-10.882	-9.182	-23.597	62	.000
Pair 2	学习前制作课件能力-学习后制作课件能力	-.238	1.949	.246	-.729	.253	-.970	62	.336
Pair 3	学习前应用多媒体设备的能力-学习后应用多媒体设备的能力	-9.921	4.622	.582	-11.085	-8.757	-17.036	62	.000
Pair 4	学习前应用办公软件的能力-学习后应用办公软件的能力	.063	1.991	.251	-.438	.565	.253	62	.801
Pair 5	学习前利用网络进行信息交流的能力-学习后利用网络进行信息交流的能力	-10.222	3.304	.416	-11.054	-9.390	-24.556	62	.000
Pair 6	学习前利用计算机提高教学管理的能力-学习后利用计算机提高教学管理的能力	-8.667	2.694	.339	-9.345	-7.988	-25.534	62	.000

由表 8-23 可知,所设计的计算机应用能力的六个问题包括计算机操作能力、制作课件能力、应用多媒体设备的能力、应用办公软件的能力、利用网络进行信息交流的能力、利用计算机提高教学管理的能力。通过教师自身学习前后比较,可以看出,在配对 T 检验中,本研究所设计的计算机应用能力四个方面的问题显著性水平值均为 0,说明在这方面的能力检验呈显著性差异。但在课件制作能力和应用办公软件的能力的显著性水平值分别为 0.336 和 0.801,说明深圳高校教师经过学习后在这两方面的能力仍有待提高,教学内容仍需改进。

(八) 与其他教师合作能力的效果分析

深圳高校教师通过线上教育平台进行继续教育的学习,完成所规定的学习内容。对深圳高校教师自身与其他教师合作能力学习前后的效果打分,再进行检验和比较。与其他教师合作能力的效果的检验结果如表 8-24 所示。

表8-24 与其他教师合作能力的效果检验

		Paired Differences					t	df	Sig.(2-tailed)
		Mean	std. Deviation	Std.Error Mean	95% Confidence Interval of the Difference				
					Lower	Upper			
Pair 1	学习前同年级同学科的合作与交流能力-学习后同年级同学科的合作与交流能力	-8.484	4.032	.512	-9.508	-7.460	-16.570	61	.000
Pair 2	学习前不同年级同学科的合作与交流能力-学习后不同年级同学科的合作与交流能力	-8.129	3.739	.475	-9.079	-7.179	-17.117	61	.000
Pair 3	学习前不同年级不同学科的合作与交流能力-学习后不同年级不同学科的合作与交流能力	-7.597	3.835	.487	-8.571	-6.623	-15.600	61	.000
Pair 4	学习前班级管理上的合作与交流能力-学习后班级管理上的合作与交流能力	-.032	1.873	.238	-.508	.443	-.136	61	.893
Pair 5	学习前教学科研上的合作与交流能力-学习后教学科研上的合作与交流能力	-8.113	3.617	.459	-9.032	-7.194	-17.660	61	.000

由表 8-24 可知，所设计的计算机应用能力的五个问题包括同年级同学科的合作与交流能力、不同年级同学科的合作与交流能力、不同年级不同学科的合作与交流能力、班级管理上的合作与交流能力、教学科研上的合作与交流能力。通过深圳高校教师自身学习前后的比较，可以看出，在配对 T 检验中，四个问题的显著性水平值均为 0，说明这四个方面的能力的检验呈显著性差异。在班级管理上的合作与交流能力显著性水平值为 0.893，说明目前在这方面的教学内容，深圳高校教师在学习后缺乏显著性差异，今后的教学内容需改进。

第六节 创新驱动发展战略背景下教师专业发展的实施分析

随着创新驱动发展战略的实施，高校教师专业发展面临着许多挑战。深圳高校应发挥好创新驱动发展战略下高校教育的积极作用，立足课堂变革，推动高校教师专业发展的动力机制变革。以深圳大学为例，为了促进深圳高校师资队伍建设和学校内涵的同步发展，深圳大学努力搭建育人平台、优化创新环境，聚焦课堂教学创新，提升教师教学能力，走出了一条具有区域特色的新时代教师队伍高质量发展的创新之路。

特别是随着"互联网+创新教育"的兴起，高校教学教育正经历重大变革，主要体现在五个方面：数字化教育正向智慧教育转型，传统教室正向智慧学习环境转型，经验性教学正逐步转向基于证据的教学，从"标准化生产"向个性化学习转变，从翻转课堂向教学结构性变革转变。教育教学变革的重点在课堂，一场课堂的变革已经来临。如何有效应对这样的变革，关键在于教师的专业素养和创新能力，这无疑是对教师专业发展提出的新的时代要求。

第九章 | 以教育实践创新促进高校创新创业教育工作发展

新时代，党和国家把创新创业上升到国家发展的战略高度，出台了一揽子旨在激励和推动创新创业的政策和举措。大学生思维活跃，充满活力，是国家创新驱动发展战略的中坚力量，也是当前创新创业领域的主要力量。教育部发布的《关于深化本科教育教学改革全面提高人才培养质量的意见》为创新创业的深化改革指明了方向，高校的本科教育教学改革必须"深化创新创业教育改革，挖掘和充实各类课程、各个环节的创新创业教育资源，强化创新创业协同育人。"新修订的教育部《普通高等学校学生管理规定》，对青年学生创新创业具有很重要的促进作用，提供了保留学生资格、学分认定、转专业等改革支持措施，突出对学生创新思维、创业精神和创新创业实践能力的培养。这充分体现出高校创新创业教育实践育人体系构建的紧迫性和必要性。

第一节 高校创新创业实践育人体系构建的必要性

高校创新创业教育是一项协同创新的复杂系统工程，当前迫切需要社会各方面共同合作，汇集社会各方力量，努力构建形成教育实践创新育人共同体，协同促进大学生创新创业不断发展，推动创新成果向现实生产力转化，促进经济社会高质量发展。

一、实施国家创新驱动发展战略的时代要求

当前国际大环境有利于创业求生存、创业求发展。创新创业活动是社会基本的实践活动，是一个国家或民族创新发展的动力源泉。深化高校教育实践创新的改革，是实施创新驱动发展战略的重要任务之一。当前高校开展创新创业教育，构建实践育人的培养体系，目的是完善并促进创业就业体制机制建设，更好地服务于创新驱动发展战略。深化高等学校创新创业教育改革，是国家实施创新驱动发展战略，促进经济提质增效升级的迫切需要，也是推进高等教育综合改革、促进高校毕业生更高质量创业就业的重要举措。

二、促进我国经济发展的主要力量

创新是引领发展的主要动力，也是建设现代化经济体系的战略支撑。创新创业作为一种经济形式，在我国经济社会中发挥着重要作用，是经济增长的主要驱动力。国务院印发的《关于推动创新创业高质量发展打造"双创"升级版的意见》明确指出："当前，我国经济已由高速增长阶段转向高质量发展阶段，对推动大众创业万众创新提出了新的更高要求。"高校开展创新创业教育，正是响应国家号召，切实落实创新驱动发展战略的重要力量。高校学生创业的主要优势在于其智力资源，因此构建高校创新创业教育实践育人体系，有助于创新创业青年学生攻克各领域高科技、高技术的难题，努力用智力换资本，成为我国经济增长的新引擎。

三、成就高校青年学生成长成才的主要力量

创新创业是推动当代大学生成就事业的"新引擎"。将创新创业与高校人才培养相结合是实现真正意义上的高等教育的重要措施，是实现高校青年学生全面发展的重要保障。一方面，构建高校创新创业教育实践育人共同体，旨在培养出兼具社会责任感、认同感和创新创业意识的高层次、高素质、创造性人才，确保学生能将所学知识灵活运用在社会建设和国民经济创新发展中。另一方面，培养具有创新创业精神与能力的当代大学生符合历史进步的潮流。大学生+创新创业，两种力量相加，不仅仅是 1+1 那么简单。青年学生是文明与进步的风向标，也是社会理想的实践者和创新重任的担当者，他们的梦想代表着国家的希望，将有力推动高质量发展。

第二节 创新创业教育实践育人体系构建的困境

当前，高校在构建创新创业教育实践育人体系方面进行了大胆的探索和尝试，并不断深化改革，取得了一定成绩，但仍未形成"高校创新创业教育实践育人机制全面贯彻"的局面。育人体系不完善、培养体系内在动力不足、实践实操平台短缺、创新保障体系匮乏等问题仍然是高校当前面临的主要问题，严重制约了高校创新创业实践育人的效果。

一、创新创业教育实践育人目标欠缺前瞻性

育人目标的问题主要体现在如下三个方面：第一，学生的学习目标和育人培养体系理念存在局限性；第二，授课层面的教学目标存在局限性，教育教学理念较为落后；第三，高校关于顶层设计的创新创业教育目标理念欠缺前瞻性。从教师层面来讲，面对国家创新创业政策和创新创业人才需求的双重压力，高校在短时间内开设了大量创新创业教育课程，但由于相关主讲教师大多缺乏创新创业经历和创业意识，讲授的理论知识多于实践经验，这导致大学生虽然学习了相关创新创业课程，却未能提升解决创新创业面临的实际问题的能力。

二、创新创业教育实践育人内在动力不足

高校创新创业的发展，存在育人培养体系内在动力不足的问题，主要体现在：授课方式较单调、创新创业课程师资力量相对薄弱、课程内容匮乏、课程体系单一。目前，创新创业相关课程仍以理论讲解为主，学生在实践实训方面的经验欠缺，难以有效地将理论知识运用到实际中去。高校创新创业类课程在高校的开展方式主要以选修课为主，未能实现全覆盖，选修课程的学生对课程的重视力度也不够，加上课程师资力量薄弱，主讲教师所需具备的创新创业实践经验较少，导致出现课堂传授书面知识较多、实践经验较少的现象。由于网络信息时代发展较快，学生接受课程的方式方法也有所变化，单调的授课方式难以与当代学生产生创新思维共鸣，导致学生学习主动性欠缺、学习热情不高。

三、高校创新创业教育实践育人实践平台短缺

创新创业实践活动不仅是高校创新创业指导工作的关键环节，更是提升高校大学生创新能力的重要途径。调查显示，当前很多高校为学生创新创业搭建了创业园及创业孵化基地等实训平台。从结果来看，这些平台在实际操作过程中存在较多问题，仍需完善，主要体现在：第一，当前高校的创新创业大赛和创新创业实习等平台主要是采用体验、模拟等方式，属于第二课堂教学，创新创业实践育人效果不理想。国内多数高校所建立的创新创业基地在专业性和实操性方面仍有很多需要改进的地方；第二，创业过程中所需的社会资源和学校资源匮乏，也是不可忽视的问题。无论是社会资源还是高校资源，对大学生创新创业原创项目成果的转化都起着至关重要的作用。然而，目前有限的社会孵化平台很难服务于所有高校大学生所进行的原创项目。当前很多高校在建立社会化孵化平台时，受场地、经费、师资等条件的限制，成功案例并不多见。

四、创新创业教育实践育人保障体系匮乏

首先，我国当前高校在创新创业教育体系保障服务的资源十分有限，这些有限的资源难以确保高校与行业或企业之间及时而准确的对接，严重影响创新创业的进程，导致大学生的创新创业成果无法有效转化；其次，我国大学校园中的大学生创新创业项目相关保障机制尚未与当前社会发展情况充分接轨，使各高校在培养学生的创新能力方面和社会发展间存在着一定的脱节，无法高度融合；最后，由于缺乏完善的创新创业教育教学的教师保障体系且教学激励机制建设不健全，创新创业指导教师缺乏明确的专业发展路线，这制约了高校创新创业教育的全面化、全程化开展。

第三节　构建创新创业教育实践育人体系的方略

高校应通过优化人才培养体系(包括明确培养目标、完善课程体系管理等)、完善创新实践平台、建立保障体系这"四位一体"的综合措施来开展创新创业教育实践，并制定全员、全过程、全方位的育人体系发展策略。

一、以实践创新育人为导向，优化创新创业人才培养目标

创新创业教育给高等教育教学工作带来了重要变革，同时它也是对高校传统教育的继承和发展。高校作为创新创业教育的实施主体，在创新育人体系构建、创新实践平台搭建以及创新人才培养方面起着主导作用。高校在构建实践育人体系时，必须要坚持以培育创新精神为重点，明确培养目标，不断优化教育理念，更新教育手段和方法。首先，应以国家所规定的教育教学质量标准为底线，结合高校自身特色，确立专业人才培养总目标及培养模式改革方向，面向当前创新创业教育目标要求，加强对学生创新创业能力的培养。其次，应建立机制来激励创新创业加快发展，完善各类专业创新专利权保护机制，鼓励新结构、新产业、新业态、新模式的新专业发展，关、停、并、转一批不适应当前发展的落后淘汰专业。最后，教师应及时改进教学手段和方法，优化课堂教学，引导学生将创新创业知识运用到实际问题中去，从而使学生们获得更加透彻的理解。

二、坚持全程育人导向，构建创新创业课程体系

创新创业实践育人第一课堂是结合专业教育传授创新创业知识，培养学生的创新思维，提升创新创业能力和创新创业综合品质，使学生毕业走向社会后，能进一步完善自我，实现自主创新创业和自我发展的教育。当前高校应整合社会资源和专业力量，在构建创新创业教育体系培养目标、课程教育体系等方面进行系统化、标准化的界定和规范化的操作，主要体现在：第一，在教育教学改革中，将重点工作放在创业创新教育系统的全面化、系统化、专业化改革，组织开展创新创业相关必修和选修课程，并将这些课程纳入学分管理。第二，创新创业指导教师在组织教学方法上，可充分借鉴圆桌会议、MIT创业课程实验、斯坦福模拟商业谈判等创新课程形式，过程中可结合灌输相关创业知识，使得学生在模拟实践中自觉地克服创业困难，培养创新精神和创业品质。第三，高校探索教学改革时，要不断完善"互联网+创新创业实践育人"新模式。结合各高校和创新创业教师的专业背景和实践经验，推出一批资源共享的MOOC、SPOC等线上课程教育，并对线上课程学分予以认定。

三、坚持实践育人导向，构建创新创业实践平台

深化高校教育教学改革，要切实加强第二课堂的建设。第二课堂是大学生创新创业体验与能力提升的主要渠道。第一，高校应加强教学过程管理，全面落实创新学分管理办法和第二课堂学分制度，有针对性地推进创新创业实践和教学工作，充分发挥学生潜能，打造科学合理的创新创业教学计划，定期对学生的创新项目发展情况进行跟踪并记录，引导学生学习相关的专业知识。第二，要加强高校创业基地建设和高科技创业孵化器的建设，整合社会力量和民间资本，引导他们共同参与支持大学生创业，通过发挥聚集效应促进各类平台资源共享与协同合作，降低大学生创新创业风险，提高创新创业成功率。另外通过孵化科技产品，加快项目转化，推动科教融合与协同发展，能有效提升创业实践平台孵化成功率。第三，通过举办各类创新创业类竞赛活动，依托专业背景，形成以创新项目和社团为一体的创业实践社团，定期开展创业沙龙、创业技能技巧大赛等活动，激发学生的创业意识和创业精神。第四，要深入实施"创青春"大学生创业大赛、各专业类科技创新竞赛、"互联网+"大学生创新创业大赛等国家级创新创业类赛事，让学生在兴趣特长与专业之间找到恰当的结合点，感受创业实践的魅力，从而培养创新创业意识，磨炼创新创业能力。

四、坚持协同育人导向，构筑全方位创新创业保障体系

按照机构、人员、场地、经费"四到位"的要求，高校应大力发展校企协同育人功能，明确政府、企业以及学校三者之间的具体关系，并充分利用政府与企业的相关资源，促进社会供求与人才资源之间的协调发展。第一，应设立专门负责学生就业指导的部门，实现对学生的科学化、合理化指导。创业学院应为学生提供相关的信息资源，包括市场最新动态、国家政策改革内容等，同时完善相关的业务办理。第二，应从不同渠道扩宽创新创业基金来源，为学生的创业项目提供资金支持，以推动创新创业教育事业的发展。高校可以邀请企业、公益组织以及社会机构来学校设立创业基金，通过提供各种形式的资金支持来帮助学生实现创业目标。第三，要针对区域需求和行业发展，积极联合各地区组织机构推出相关的就业指导服务，帮助学生把握商机，甄别机遇。第四，应邀请企业家来担任创新创业课程的指导老师，不断完善优质的创新创业导师人才库，以促进创新的发展。

第四节 教育实践创新促进高校创新创业有效开展

各高校对创新创业的人才培育工作高度重视，并积极实施了多元化的工作措施，有力推动了当前创新创业教育工作的发展。随着创新驱动发展战略的实施，各高校都在尝试开展和参与各类创新型竞赛，旨在培养学生的创新创业思维，并形成一套适合自身特点的教育培养模式，同时为培养创新创业人才提供良好的基础和实践经验。以深圳大学为例，深圳大学将创新创业教育贯穿于人才培养全过程，将教育实践创新理念融入教育教学工作全过程，旨在进一步提升学生创新创业竞争力。具体采取了以下措施：一是构建了深圳大学创业教育课程体系；二是实施了高水平互动式课堂教学改革；三是推进了学生参与各项创新创业竞赛体系改革；四是建立了联合培养教师队伍，并加强了创新创业实训体系建设。各项创新创业活动得到适时开展，极大地激发了学生的热情和积极性。在构建创新教育培养模式的同时，社会各类型的竞赛不仅为高校人才提供了创新创业活动平台，还极大地检验了创新创业人才培养的效果。深圳大学近年的创新创业教育工作取得了较好的成效。

深圳大学"十四五"发展规划中提出了全面推进世界一流大学建设的"三步走"战略，并统筹实施"1+3+X"重大工程，其中"面向未来的双创人才培养体系改革"是"3"项政策制度建设工程之一，以培养高素质创新创业人才为主线，下移重心，使双创教育成为考核人才培养的标尺和指挥棒，发挥引领作用。重视学生创新创业能力的培养是深圳大学长期办学过程中形成的核心育人理念。经过"十三五"时期的飞速发展，深圳大学形成了特色鲜明的创新创业人才培养体系。"十四五"期间，人才培养要实现高质量发展，将创新创业教育作为人才培养模式改革的突破口。深圳大学通过加强顶层设计、完善双创教学课程体系、孵化培育创业项目、组织"互联网+"等大赛，以及开展双创周等双创实践活动，构建了完整的信息化双创生态平台，提升了双创竞赛水平，为学生创新创业提供了更多的机会和资源。深圳大学切实推动和深化双创教育改革的各项工作，为大学生搭建了集创业教育、创业培训、创业实践和创业孵化于一体的实战平台，强化了大湾区辐射效能。这些努力使得深圳大学在中国国际"互联网+"大赛中取得了历史性突破，荣获了深圳市本科高校的首枚国赛金奖；此外，深圳大学还获评广东省创新创业教育实践基地；成立高标准培育优秀赛事学生的双创型竞赛俱乐部"互联网+国赛俱乐部";扩充专兼融合的双创导师 115 名;完成覆盖 7000 名本科生必修课程"面向未来的创新创业概论"的拍摄与上线;开展教育部内地与港澳高等学校师生交流计划及联动三校区、参与人数达 2.8 万的双创周活动。这一系列举措使得深圳大学的培养体系和课程体系等得到了全面的完善。

一、加强双创课程体系建设,推动"专创"人才培养

2021 年深圳大学本科人才培养方案独立设置了"创新创业实践与学生发展"模块,旨在强化对学生创新创业能力的培养,内容包括创新创业基础课、创新领航讲座、创业指导课程、创新创业短课、创新创业自主实践五部分,其中,着力打造的 MOOC 必修课程"面向未来的创新创业概论"被定为 1 学分,覆盖了 7000 余名本科学生。

二、加强创新创业课程体系的建设

(一) 开设创新创业课程

深圳大学深入开发创新创业课程内容,充分体现创新性、特色性等原则,通过课程培育和完善学生的双创项目,以更好地服务于"互联网+"创新创业大赛等双创赛事,达到课赛与专创融合的目的。目前已完成课程内容核对,对接广州市朗恒信息科技有限公司(录制课程视频的公司)完成课程拍摄与制作,解决了服务器和软件安装测试的问题,确保了期末测试的正常进行,并实现了与深大教务系统的对接,为 7000 名本科生提供了选课及成绩录入的服务。课程已在 2023 年正式上线。

(二) 开设"数字智能创新与创业管理"微专业

"数字智能创新与创业管理" 微专业属于交叉型、复合型的学科领域,以"跨界培养、协同育人、实践导向"为教育理念,深圳大学抓住数字智能创新与创业领域快速发展的时代机遇,与深圳市卫生健康发展研究和数据管理中心、深圳大学附属华南医院、深圳科创学院、华为技术有限公司、正威国际集团、百度飞桨等政府机构和龙头企业密切合作,致力于培养行业急需的兼具数字智能技术应用能力,智能研发、决策、运营能力,以及创新精神和创业意识

的交叉型、复合型、创新型的高素质人才，满足学生个性化发展的需求。其关注的重点在于如何利用人工智能、大数据分析、云计算、区块链、商务智能等新兴数字技术为各类组织的创新及创业活动赋能，从而提高组织在研发创新、管理决策、企业运营和创业活动上的效率。

(三) 开设创新创业专业短课课程

深圳大学开设了创新创业教育中心短课课程，对授课导师及相关入校人员的报备、监督和教学环节质量的把控等采取了一系列措施。每个课程配有助理以协助授课并收集与存档教学素材，除日常管理教学外，分五个时间节点(学期首、期中前、期中、期末前、期末)定期检查教学内容、及时上报教学进度、对日常作业和考勤统计进行检查、跟进教学计划实施并及时调整。创新创业短课课程建设如表9-1所示。

表9-1 创新创业短课课程建设

学年学期	序号	课程名	课程类别	学时	学分	选课人数
2022年春季	1	创业营销的精益策略和心理学应用	创新创业短课	18	1	19
	2	揭秘中美创新创业理念差异	创新创业短课	18	1	24
	3	像创始人一样，管理突破自己	创新创业短课	18	1	26
	4	设计思维与创业实践	创新创业短课	18	1	18
	5	知识经济时代的知识产权商业实战	创新创业短课	18	1	19
	6	游戏发行的商业实战	创新创业短课	18	1	18
2022年秋季	1	从零开始创业	创业实战短课	18	1	35
	2	创业营销的精益策略和心理学应用	创业实战短课	18	1	31
	3	揭秘中美创新创业理念	创业实战短课	18	1	24
	4	知识经济时代的知识产权商业实战	创业实战短课	18	1	17
	5	区块链概论和技术入门	创业实战短课	18	1	28

深圳大学还联合深圳科创学院共同开设了2门课程，分别是"创新创业思维"和"交叉学科中的数字智能创新方法"，并指导学生运行了15个双创项目，获得优异成绩，包括第八届中国国际"互联网+"大学生创新创业大赛国家级铜奖、大学生创新创业训练计划省级立项等。

三、加强实践基地的建设

（一）联合成立硕士生示范实践基地

2022 年 5 月，大湾区国际创新学院与深圳市卫生健康发展研究和数据管理中心、深圳市康宁医院联合成立"全日制专业学位实践基地"，面向智慧健康和智能医疗管理研究方向联合培养人工智能专业硕士研究生，为学生提供实习实践机会，帮助学生取得一手科研数据，指导学生取得高水平创新成果。

（二）华为"智能基座"运行建设

深圳大学-华为"智能基座"产教融合协同育人基地已成功开办，深圳大学组织电子与信息工程学院、计算机与软件学院、数学与统计学院、机电与控制工程学院，制定了 2022—2023 学年的智能基座产教融合协同育人推进计划，明确了基地运营规划、课程开发及教学计划、智能基座社团运营计划、金课建设规划。通过教学改革及课程优化，学校建立了基于鲲鹏、昇腾及华为云为技术的高校人才培养体系，深化产教融合，为新计算产业链持续输送高质量人才，努力打造国内产教融合协同育人示范基地。在课程开发与教学安排方面，深圳大学将鲲鹏、昇腾和华为云知识点与现有课程相结合，目前已完成了 18 门课程体系的开发和授课，合作课程按立项协议授课计划持续运营，2022 年共评选出 24 名智能基座先锋教师并推荐 1 名优秀教师，评选出 5 位奖教金获得者和 33 位奖学金获得者。此外，深圳大学还将鲲鹏、昇腾及华为云等技术融入课程教学，设立了 2 门与鲲鹏、昇腾、华为云知识相关的校级金课课程，并积极推动申报省级/国家级金课。

四、厚植深大特色双创教育文化，丰富双创实践内容

（一）加强内地与港澳师生交流

双创领航精英训练营自 2019 年以来，连续获得教育部重点资助，曾被列为港澳与内地高等学校师生交流优秀项目，已发展为深圳大学创新创业教育的特色项目之一，也是大湾区国际创新学院重点培育的品牌项目之一。训练营活动由大湾区国际创新学院、深圳大学创新创业教育中心、深圳大学港澳台事务办公室、香港理工大学企业发展研究院、香港理工大学产学研基地、澳门大学创新创业中心、澳门科技大学创业就业发展中心、澳门科技大学酒店与旅游管

理学院及深圳市卫生健康发展研究和数据管理中心联合举办，吸引了来自澳门大学、澳门科技大学、香港理工大学、香港大学、香港岭南大学、台北科技大学及深圳大学的学生参加。训练营开设双创前沿专题讲座，包括科技创新前沿、市场需求定位、创造性思维训练、创业机会探寻、创业扶持政策解读、路演逻辑梳理、大变局下的创新创业分析等内容；参访创新型企业和众创空间，包括深圳科创学院、大疆创新教育中心、雅昌艺术中心、壹境国家级众创空间、深圳北站港澳青年创新创业中心。训练营活动采取"线上+线下"的方式进行，得到了"学习强国"、中国日报、香港商报、澳门中联办等近 20 家平台、媒体和机构的报道，引起了一定的社会反响。

(二) 组织开展优鹏计划·创新领航系列讲座

"优鹏计划·创新领航系列讲座"旨在为深圳大学学生提供一个创新创业交流平台，通过创业交流分享会、沙龙活动等，提高同学们的创新创业意识，在乐于探索、敢于尝试、大胆实践的创新创业活动中，突破自身的局限，寻找新的思维方式、途径，解决创业时遇到的问题，最终实现先创带动后创，达到共创的目标。2022 年深圳大学通过线上、线下等方式，共组织举办优鹏计划系列讲座 28 场次，累计 2000 人次参与。讲座主要方式为：①入园项目路演，介绍项目的概况、现状、规划以及遇到的困难和经验教训，现场探讨互动；②邀请创新创业专家，普及创业知识、对创业团队进行针对性指导；③邀请优秀创业者分享创业经验、心得；④邀请企业第三方机构开展专题讲座。

五、以"互联网+"大赛为抓手，培育储备双创人才

中国国际"互联网+"大学生创新创业大赛自设立以来，经过九届赛事的发展，已成为范围最广、规格最高、含金量最高、影响力最强的"中国大学生创新人才培养第一赛"。深圳大学围绕"更国际、更教育、更全面、更创新、更中国"的目标，主动融入全球创新创业浪潮，培育储备双创人才。2023 年深圳大学代表队的 13 个项目从 421 万个参赛项目中脱颖而出，最终斩获 3 金 6 银 4 铜，刷新了深大在该项赛事历史最好纪录，金奖数在本科院校位居深圳市第一、广东省第二，高教主赛道金奖数量并列全国高校第九名，国际赛道项目为广东省唯一进入现场赛的项目。

六、加强双创软硬件环境建设，持续赋能创新创业项目团队

(一) 打造专兼结合的双创师资队伍，共建校外创新创业实践基地

师资队伍建设对创新创业教育有着不可替代的作用，是决定双创教育改革成效、提升大学生创新创业能力和创业成功率的关键因素。为推进深圳大学创新创业教育工作的顺利开展，充分利用校内外创新创业智力资源，建立一支稳定、高效、专兼结合的创新创业导师队伍，2022 年深圳大学双创中心面向校内外公开招募创新创业导师。经过资格审核、专家遴选，共有 115 位双创导师进入深圳大学双创导师库，其中校内导师 33 名，校外导师 82 名。同时，深圳大学积极建设"校企协同育人"平台，以全国双创示范基地建设为引领，借助粤港澳大湾区产业链齐全这一地域优势，推动高校和企业间"共建专业、共建教学团队、共建课程、共建实验室、共建实训基地"等项目建设，形成"双创教育-创业苗圃-项目孵化器-成果加速器"全链条示范性支撑平台体系。目前深圳大学建有校内外创新创业实践基地 54 个。

(二) 完善配套创业孵化服务水平，构建完整创新创业生态系统

深圳大学常态化孵化支持入驻创新创业教育中心的学生创业项目，实时为项目提供国家政策、市场动向、税法法律服务等信息服务，并全面提供运营管理、资源对接、公司成立注册、创业政策兑现等一站式服务；同时，打造集"双创人才测评""双创师资培养""双创教学资源库""商业计划书撰写""双创项目管理""众创空间管理""双创案例库""数据管理中心"等功能于一体的创新创业生态系统，形成"服务有平台、训练有方法、提升有资源、管理有依据、教育有品质"的"五有"模式，借助信息化手段推动双创教育发展。

(三) 逐步建设双创教育教学实验中心，探索双创人才成长科学路径

2021 年，深圳大学依托大湾区国际创新学院成立了双创教育教学实验中心，并搭建了多个实验室，包括创业模拟实验室、创客实验室、创客网络直播间、数智金融创新实验室等，旨在通过实验教学引领创新驱动发展，为学生提供实践学习的平台。2022 年 7 月，根据深圳大学"十四五"规划教学实验室建设与提升项目要求，深圳大学逐步完善了实验中心设备设施购置计划、人员规划及实验课程开设计划，持续探索研究创新创业教育的内在规律和创新创业人

才成长的科学路径，努力打造"全校师生参与，产教资源协同、社会及时评价、互联网管理服务、线上线下平台和成果转化于一体"的教学实验中心。为了帮助数字智能创新与创业管理微专业学生更好地进行数字智能创新与创业实践，实现"跨界培养、协同育人、实践导向"教育理念，深圳大学依托双创教育教学实验中心，开设了三个实验室，主题分别为"健康智能""智慧运营"和"数智决策"。每个实验室配备了由多名导师领衔的课题攻关小组对相关在研科创课题进行攻关，并与相关产业建立密切合作关系。微专业学生遵循"自愿双选""学科交叉""兴趣导向"的原则，通过线上线下相结合的方式选择实验室，利用实验室提供的软硬件资源，在实验室导师的指导下进行科创探索和实践。依托大湾区的地域优势和政策支持，打造"大湾区国际创新学院"品牌，加快双创教育的国际化进程，致力于将其建设成为具有全球影响力的创新创业型学院，成为集高层次双创人才培养、高水平双创理论与实践研究、高规格国际双创资源对接、高价值大湾区项目孵化、高质量粤港澳高等教育合作于一体的综合型创新创业平台。

从高校创新创业型本科人才培养现状的分析可以看出，创新创业人才培养不仅是国家战略发展的需求，是未来教育改革的重要工作，更是高校教育发展的重要目标。目前我国在理论方面和实践方面都积累了丰富的经验，社会各界已逐步意识到创新创业型人才培养的重要意义，而这项工作不是一蹴而就的，需要各界人士积极参与，贡献自己的力量，搭建相互交流合作的平台，为创新创业人才培养创造更多便利条件和机会，提供实践操作的空间和技术支持。

第十章 | 以教育实践创新提升 学生人文素养水平

创新是高校深化教育改革的重要工作，也是一个国家兴旺发达的不竭源泉。近年来，我国深入实施创新驱动发展战略，将培养创新人才、构建国家创新体系、提高自主创新能力置于了国家发展的重要位置。新时代赋予了高校教学工作新的历史使命，作为高等教育的主要阵地和创新人才输出的关键平台，高校在创新型国家建设历史进程中发挥着非常重要的作用。强化创新教育，构建合理的创新人才培养体系，将教育实践创新与艺术教育相结合，培养兼具创新精神、艺术素养与实践能力的综合性高素质人才，已经成为各高校所面临的一项重要而艰巨的任务。

第一节 关于新时代学生人文素养的论述

高校教育坚持育人为本，德育为先。在实施素质教育的过程中，高校需加强对人文精神培养的力度，以提升教育现代化水平，特别是人文素养水平，这成为深化教育改革、提高教育质量的一项重要任务。

文化素养是学生综合素质的基础，文化素养的核心是人文素养。对高校大学生来说，不论学习哪个学科，提高人文素养都十分重要。目前，我国科学创新技术迅速发展，综合国力不断增强，人们的物质文化需求也与日俱增，对各行各业工作者的专业知识和技术能力提出了较高要求，对人文素养内涵的提升也构成了挑战。个人所具备的人文文化是实现人文素养教育目标的基础，个人优秀的人文文化是通过长期学习或生活不断积累、提炼并升华的，它随着社会的发展而发展。用优秀的人文文化充实大学生头脑、陶冶大学生情操，对于构建社会主义核心价值体系和社会主义和谐社会具有非常重要的意义。

人文素养主要包括人文知识和人文精神两个方面。在创新教育教学过程中，学生将人文知识与人文精神内化，并形成相对稳定的内在品质。

中国有着悠久的人文历史，并有重文化、重修养的人文传统。中国的高等教育继承中华民族的优秀文化传统，历来非常重视人文教育。随着教育改革的深入发展，对学生人文综合素养水平的要求也在不断提高。然而，当代大学生的人文综合素养水平仍有待提高，距离德、智、体、美、劳全面发展还有较大的差距。因此，当前在构建人文素养培育课程体系和教育教学方法等方面，教师要转变教育观念，改革教育模式和方式方法，不仅要继续强化专业知识和创新思维的培育，还要注重对学生人文综合素养的培育。

一、培育大学生人文素养的作用

(一) 人文精神促进学生全面发展

人文素养是当前大学生全面发展的重要内容。人文精神是一种高度的人类自我关怀，主要表现在对人格的尊严、价值观、命运的维护及关切，是人类文明发展程度的重要标志，为学生发展提供内在动力并指明方向。在传统的教育体系中，学生往往注重的是显性课程学习和科学知识学习，对于提高潜性的人文素养关注度不够。事实证明，只有具备较高的人文综合素养，大学生才能真正实现对自身及他人命运、人格和尊严的关注，才会关心国家及社会发展的长远前途，从而更好地推动创新事业的发展。

(二) 深化高校本科教育改革的重要使命

高校应注重培养有个性、创造性和准确判断力的创新型人才，同时这类人才还应具备独立的人格和强烈的社会责任感及综合能力，而不只是简单地培养仅有工具理性的工作人员。过去一段时间，高校尤其是高职院校过分强调实用型人才的培养，忽视了对学生人文综合素养的教育。在创新的大背景下，高校培养创新人才的教育教学方法需要转变，既要注重对学生的专业技能、创新思维的培育，也有加强对学生人文素养的培育。

(三) 现代社会环境可持续发展的需要

随着中国改革开放的不断深入和市场经济体系的日益完善，人们的市场意识、经济意识和竞争意识不断增强。市场经济环境带来的经济利益至上、片面崇尚优胜劣汰等丛林法则，对学生人文素养、创新思维的培育产生了不良影响。新时代背景下，学生应坚定"四个自信"，树立"人类命运共同体"意识。因此，高校在教育教学方面需加强对大学生人文素养的培育，形成合力，以促进学生人文素养的提升和创新思维的发展。

二、高校大学生人文素养的现状分析

(一) 大学生人文精神缺失的现状

在接受教育或培育技能时，当前不少高校学生因就业压力，较倾向于选择和接受实用性的知识及技能。从高校学生对大学各门课程的兴趣和上课积极性来看，英语、计算机和经济类等课程普遍受到学生重视。一些基础学科，学生认为是为了拿学分而不得不选修的课程，导致他们对文、史、哲、法、艺等学科知识的理解不够深入。此外，一些人文专业的学生对人文精神修养不够重视，仅仅停留在人文知识学习的层面，没有真正理解培育人文素养的根本目的，即全面培养人性。

我国正处于社会转型时期，当前大学生因心智处于发展阶段而易产生困惑或迷茫，表现在对待价值观和人生追求上。有部分学生认为大学学习的目的就是拿文凭，以便找一份较好的工作，在择业时倾向于选择大城市。他们缺乏独立性，缺乏独立思考和判断能力，缺乏解决各种问题的能力，以及遇到挫折时缺乏应有的良好心理素质。在处理个人、集体和国家的关系时，他们的自我意识比较强烈，自我倾向明显，缺乏大局意识或团队精神。在道德责任意识方面，心态浮躁，对他人或社会的终极关怀表现淡漠。此外，在心理健康方面，他们在遇到问题时常表现出恐惧或不安。

随着我国改革开放的不断深化，创新氛围越来越浓厚，接受高等教育的学生越来越多，对创新人才的要求也不断提高，社会人才竞争也越来越激烈。由于压力较大，当前部分大学生存在心理健康问题，并已经引起高校和社会的广泛关注。在学习过程中，由于人际交往、学业、就业存在困难，个人情感波动、个人人格养成存在不足等原因，导致大学生的心理问题表现为意志力不够坚韧，情绪不够稳定，言行不够理性，处理问题时容易冲动偏激，对挫折和压力的忍受力、持久力不强，情绪容易受到周围环境的影响，遇到困难时缺乏自信心，常感到生活无目的、无价值，在日常学习生活中常表现出心态失衡、个性扭曲等问题。

(二) 当前大学生人文素养缺失的原因

导致当前大学生人文素养缺失的原因有很多，其中高校的教育模式、教学方式不足，以及大学生特殊的生理和心理阶段是主要原因。中国自改革开放以来，在各方面取得了巨大成就，特别是在科技领域，有些项目走在世界的前列。在创新文化浓厚的环境里，有些大学生会出现重理轻文的现象，对那些不能带来立竿见影实效的长线专业，如人文科学，持有较为轻视的态度。在科学技术日新月异的背景下，部分大学生过于看重科技作为维护国家和社会稳定以及未来就业工具的作用。在这种环境下，高等教育必然将培育体系集中于需求，集中于学生的就业，人文素养内在的价值却被忽视，影响了高校大学生全面素质的培育。

在高校人才培育体系中，尽管没有应试教育的任务，但各种考证、各种过级考试依然存在。再加上当前公务员、事业单位包括教师岗位基本采取的是逢进必考的制度。考核标准的纯量化导致大学生过于注重考试，与考试无关的隐性的人文精神养成被忽视。

从当前的人文学科教育教学中也发现，高校的教学内容相对狭窄，教育教学方法也比较单一。在培养目标方面较注重学生专业能力的培养，忽视了对学生思想品德等人文素养的培育及提升。以思想政治理论教育为例，教学过程中，过多地强调了思想政治理论课的工具性价值或社会价值，包括政治价值、经济价值、文化价值，重视其即时的、显性的泛政治功效，忽视其学生人格、完美人性与人文素养发展的作用和其长期的、本质的塑造人格的功效，表现出明显的工具理性和工具论的倾向。有的教师在讲授相关知识时，很大程度上仍然停留在经验操作层面，对人文素养教育缺乏足够的思想认识和强有力的措施，将大学生复杂的思想、道德、心理素质的提升和问题的解决简单化、形式化和表面化，忽视了学生的差异性及个性教育。

三、拓展当前大学生人文素养提升的路径

(一) 高校要树立现代人文素养教育理念

高校在构建创新人才培育体系时，要切实加强对大学生人文素养的培育与提升，教育者也要转变传统的教育观念，加强人文素养的培育，进而促进创新人才的全面发展。同时，要加强人文素养教学的过程管理。首先，高校培育创新拔尖人才时，应立足于学生长远的、终身的发展，应树立与新时代教育特点相符合的以育人为中心的教育理念，将创新思维和人文素养相结合，将人文精神融入创新课程、专业课程体系中，使学生真正内化习近平新时代中国特色社会主义思想和中国式现代化的价值观。

高校的专业教育及创新教育，不仅在于为国家和社会培养智力劳动者，更在于丰富学生的知识，拓展学生的思维，拓宽学生的视野，让学生经过高等教育能有更高的情操且能正确把握自身的价值。通过接受创新专业和人文素养课程体系的教育，大学生才能超越那些短视的成才理念思想，树立远大的抱负和信念，在工作生活中脚踏实地、艰苦奋斗，在思想上关爱他人、关爱社会、关爱集体。在深化高校教育培育体系的过程中，要改变过去片面强调专业知识重要性的局面，设立人文课程体系，将显性的人文课程体系与潜性的人文素养体系结合一起，将学生的人文素质教育摆在更高的位置，加强对大学生的人文素养教育，以培养人文精神与创新精神为宗旨，立足于学生的全面发展，注重提升学生的理想境界、情操修养、道德水准和大局观念。

(二) 构建科学与人文精神相统一的创新教育机制

在当前高校教育培育体系中，专业课的教学学时数通常占据学生学习时间的 60%及以上，导致学生可能会投入更多业余时间提高专业课成绩，对人文素养的课程内容关注相对较少，进而导致大学生人文精神的培养难以深入，人文素养的知识面也难以拓宽。因此，高校人才培育体系既要重视发挥各专业学科的育人作用，也要将人文精神融入专业课程的教学内容中，通过教授专业课程，让学生从中体会和感受人生的内涵，不断提高自身的人文素质，进而使人文素质与创新素质相互作用。高校还要利用各种有利因素，尽可能系统地开发学校的人文课程资源，增加人文课程的设置。高校教学工作要优化目前高校对大学人文课程的设置，并加强人文素养教育的机制建设，营造浓厚的人文素养学术

氛围，提高人文素养教育的地位，通过开设专业必修课、公开课或公共基础理论课进行培育。同时，高校也要构建各种人文素养教育激励措施，鼓励更多相关教师重视人文学科教育，从而扩大人文学科对学生的影响和吸引力。

(三) 促进人文教育师资力量水平提升

高校需要着力培养学生的人文素养，而人文教育工作者在这方面发挥着至关重要的作用。教师是人文素养培育的引领者和实践者，他们自身的人文素养水平对专业教学的质量、办学水平和学生素质的高低有着重要影响。高校从事人文素养教育的教师不仅需要有渊博扎实的专业知识、较强的科学创新研究能力和精湛的人文素养教学艺术，还需要具有高尚的人格魅力。教师应通过身体力行，以高尚的情操、优秀的品德、坦荡的胸怀、良好的性格提升学生的人文综合素养水平，让学生时刻感受教师的人文关怀和良好的人文修养。所以，教师在教育教学工作中，要提升个人的人文素养，增强人文底蕴，加强人文学科的学习，不断吸取中外文化的精华，并自觉运用到教学工作中。

(四) 优化大学生人文素养塑造的外部环境

高校学生良好人文素养的培育和提升与其生活的外部环境有紧密的关系。学校需加强外部环境的人文素养氛围建构，并充分认识这项建构工作的重要意义，积极推动每个人参与到提升人文素养的工作中来，从而为新时代高素质的创新性综合性人才培养提供肥沃的土壤和优良的环境。高校要加强对学校周边的文化、娱乐、商业经营活动的管理，营造良好人文素养的氛围，在公共舆论的领域内要鼓励电视、电影、报纸等大众媒体承担起推进提升人文素养的责任；高校作为知识传授和提升学生人文综合素养的主要场所，应积极代表促进社会变革和进步的先进文化。高校的重要任务之一，从某种意义上讲，就是努力营造出高品位的文化氛围，让学生身处其中，在学习成长过程中感悟、理解、思考，在学习积累过程中净化灵魂，升华人格，把正确的做人做事之道渗透到灵魂当中。社会各界合力将大学校园打造成为莘莘学子增加学识、提升人文综合素养、培育创新精神的理想场所。

综上所述，人文素养是人类文化创造的价值和理想，是现实文化生活的内在灵魂。学生接受教育的同时，促进人文素养与创新思维全面发展，对学生专业素养水平的提升有着重要的影响。当代的大学生只有努力提升自己的人文精神，增强自己的人文素质，才能在新时代实践中有效地发挥作用，真正成为一名既具有科学精神又具有人文底蕴的、为社会所需的创新人才，为中国式现代化做出应有的贡献。

第二节　深圳高校人文科学精神教育的现状分析与对策研究

以深圳高校为例，加强深圳高校人文与科学精神教育，实现从传统的高等学校专才教育向与经济较发达的社会环境相匹配的现代人文与科学精神教育的转变，是社会大众对高校人才培养提出的客观要求，也是高等学校深化教育改革所面临的重要课题。当前，许多高校，特别是位于经济较发达地区的高校在人文与科学精神教育方面进行了大胆的尝试，取得了一定的成绩，但也存在不少问题，高校的人文与科学精神教育工作任重而道远。本节剖析了深圳高校人文与科学精神教育现状及存在的问题，重点从人文与科学精神的教学体系、保障体系以及教育评估体系等方面，对深圳高校大学生人文与科学精神教育问题进行了探讨，并提出了相应的对策。

一、深圳高校人文与科学精神教育的现状

随着高等学校教学改革的不断深入，人文与科学精神教育已引起我国政府及教育界的高度重视，相关部门采取了一系列措施。特别是近几年中国经济的快速增长和科技的迅猛发展，对深圳高校大学生人文与科学精神教育产生了深远影响。

通过问卷的方式，笔者对深圳高校教师群体进行了一次关于学生人文与科学精神教育的调查，调查范围涵盖了深圳大学、深圳高等职业技术学院、深圳技术大学、深圳信息学院等有代表性的学校。74.6%的受访者认为本校教师群体对人文与科学精神的认识不高，86%的受访者表示曾经指导过学生校园文化活动，43%的受访者表示给学生开设过人文与科学精神教育课程，关于人文与科学精神教育的效果，30%的受访者表示学校层面起关键作用，而60%的受访者认为师生层面更为重要。此外，55%的受访者表示人文与科学精神教育已经在本校实行多年，效果良好。从调查数据分析来看，理工类院校教师对人文与科学精神教育的积极性比文科类院校教师稍弱。

据调查，深圳高等学校普遍增设了人文社会科学和自然科学方面的必修课和选修课。例如，深圳大学为了拓展学生的知识面，提高艺术鉴赏能力，特开设了由知名教授主讲的"经典精读""精品课程""创新短课"等课程，这些课程已开设十余年，期间共开设了近千门次，修读学生近 30 000 人次。深圳高校成立了专门的大学生素养教育领导小组，组建了大学生人文与科学精神培养基地，设置了辅修专业，开设内容丰富的公共选修课，初步形成了较为全面的人文与科学精神培养课程体系。但随着高等教育改革的不断深入，特别是随着社会经济文化的发展和变化，深圳高等学校的人文与科学精神教育工作迎来了全新的挑战。

二、深圳高校人文与科学精神教育存在的不足

(一) 需加强人文与科学精神教育的教学体系建设

1. 缺乏课程体系

建立稳定的具有全面性的人文与科学精神课程体系，是深化大学生人文与科学精神教育的关键。然而，目前很多高校在四年的培养方案中，仍然缺乏人文与科学精神课程的教育要求，单一的专业发展要求与学生全面发展的需求形成突出的矛盾。学生之间的人文与科学精神差异也影响课程体系的优化和课堂教学工作的实施。课堂教学是学校教育的主体，人文与科学精神教育主要通过课堂教学来实现，因此，各高校的教学研究人员要将人文与科学精神课程同专业课程协调结合，建立一个完善的人文与科学精神课程体系。而当前绝大多数深圳高校的人文与科学精神课程体系缺乏系统性。例如，深圳大学的人文与科学精神课程开设已经有一段时间，学校层面也很重视，专门设立人文学分课程供全校学生修读。但目前仅有文学院和传播学院开设了相关课程，其他学院开设人文学分的课程相对较少。对人文学分课程的理解有待改进，理工科学院如何提高学生的人文与科学精神水平，建构系统、科学的人文素养课程体系，有待进一步思考。

2. 教学方法过于单调

目前，深圳高等学校的人文与科学精神课程第一课堂教学仍然是以传统的课堂讲授方法为主。学生在学习方面仍缺乏内在的动力，难以提起兴趣，这与当前所倡导的积极、主动和创造性的学习理念不符。这样的培养方式，仅停留

在完成基本的教学任务上，不能帮助学生领悟人文与科学精神课程的价值，同时会使学生误解人文与科学精神教育、消极对待或拒绝接受人文与科学精神教育。单调的教学方法不仅不利于学生自我潜能的发挥和独立解决问题能力的培养；也阻碍了，学生创新思维和实际创新能力的提升；更不利于学生个性和才能的全面发展。因此，单调的教学方法严重制约着深圳高校人文与科学精神教育的发展。

深圳是一个经济较发达、信息流通快的城市，由于每一位学生的基本素养存在着差异性，单一灌输式的教学方法难以适应学生的多方位、多层次的人文诉求。

3. 师生间和学生间缺少互动交流

师生之间、学生之间的交流非常重要，教学相长，相互交流是学生学会做人、学会做事、学会学习的重要途径，是学生人文与科学精神培育中不可缺少的重要环节。师生之间的交流，可以让学生在人文与科学精神方面受到潜移默化的影响。学生之间的思想情感的相互碰撞，对人文与科学精神教育具有促进作用。但当前深圳高校普遍缺乏师生、学生之间的沟通交流，究其原因，主要有如下几点。

(1) 认知问题

很多高校的人文与科学精神课程主要针对文科院系学生开设，因为文科院系学生毕业时对人文学分有要求，所以相关教师和同学都很重视，教学效果也较好。而理工科院系学生因为没有对应人文学分课程，毕业也没有要求，故理工科院系学生和教师没有学习和教学压力，导致对人文与科学精神课程不够重视。

(2) 师资的承载力问题

深圳高等学校近年招生规模不断扩大，有关人文教育的师资力量需加强，然而当前的师资力量不能很好地满足人文与科学精神高起点发展的需要。

(3) 校园人文环境的缺失

由于高校的不断扩招，很多学生住在校外，人文环境较差，与学校的人文与科学精神教育要求标准相差甚远，学生与任课老师缺乏交流，学生难以感受到教师教书育人的风采和人格魅力，难以得到优秀教师品质的熏陶，更难以与教师进行思想交流和信息沟通，师生之间存在明显的情感、观念等交流缺失的现象。

(二) 缺乏健全的人文与科学精神教育的保障体系

1. 缺乏完善的管理机制

深圳的高等学校基本上都设立了人文与科学精神教育的组织机构，譬如：深圳大学将文科学院设为开设人文学分课程的单位，并形成了一定的人文与科学精神教育管理理念，有一套相对成熟的培养方案。但理工科院校，人文学分的课程较少，多半只注重本专业的发展，忽视了理科学生人文与科学精神教育的培养，导致人文与科学精神教育还没有真正纳入高校完整的培养体系中。在人文与科学精神教育教学管理方面还存在诸多问题，比如出现因专业发展造成培养方案不好衔接的现象，使得教师授课任务的安排存在困难。因此，教学工作中应要求教师把传统的人文科学精神与独特的人文科学精神相融合，进一步完善创新体系，形成系统稳定的教学理念。

2. 人文与科学精神教育硬件设施不足

由于近年深圳高校不断扩招，在校学生规模持续扩大，如深圳高等职业技术学院通过几年的不断扩招，在校学生人数不断增加，导致教育资源紧缺。虽然学校正处于加紧建设之中，但这种情况对学生在培养学习人文与科学精神方面造成了一定的影响，使他们未能充分享受大学阶段应得的机遇和条件，给他们的人文与科学精神潜质发展带来了不利影响。

第一，人文与科学精神教育领域的图书资源相对较少，不能满足师生的需求。因所属专业、学科不同，有的图书难以共享。

第二，深圳高校人文与科学精神教育教学基地建设不足。人文与科学精神的培养，不仅需要理论上、课堂上的学习和指导，更需要在实践中、在社会的广阔环境中加以体悟和熏陶。目前深圳高校对学生人文与科学精神教育的实践教学仅限于相关文科院系或几门课程，还没有建立长期的、范围更广的人文与科学精神教育教学基地。

第三，深圳高校应加强对学生的心理健康教育，进一步完善心理教育资源建设。当代大学生在进入大学校园时心理和思想都还不是很成熟，缺乏独立生活的能力，自我约束能力不强，组织纪律观念淡薄，适应性不强，容易出现心理问题，必须加强心理素养教育和必要的辅导教学。目前，深圳这方面的教育教学资源有待充实。

3. 深圳高校人文与科学精神教育校园氛围缺乏

调查显示，深圳高校大部分学生人文知识相对缺乏，同时，很多高校的有关人文与科学精神的显性课程严重不足，缺乏相应的校园氛围、历史内涵和文化底蕴。

(三) 人文与科学精神教育的评估体系尚未建立

教学质量评估是高等教育教学体系中的重要组成部分。以深圳大学为例，自 2017 年本科教学评估工作获得教育部认可以来，该校一直对教学质量评估工作非常重视。为巩固教学质量评估成果，专设教学质量监控办公室，对教学效果、教学工作过程、教学进度、教学评价等方面进行分析。但到现在为止，深圳大学尚未建立针对人文与科学精神的教学质量评价体系，深圳其他高校也是如此。因此，人文与科学精神教学质量评价仍是这些高校的一个薄弱环节，缺乏较为科学的人文与科学精神教育评估指标和较为完善的评估制度。

三、结论与建议

(一) 结论

人文与科学精神教育是新时代高等学校教学改革方面的一项重要课题，各高等学校教研人员就人文与科学精神教育的培养方案进行了探讨，取得了宝贵的教学教研经验。当前，我国正处于科技创新时期，人文教育与创新思维教育尤为重要。学生人文素养水平的提高对创新工作的开展也具有重要意义。高校需重视学生的人文素养教育，同时师生层面也要加以重视。深圳高校需采取有效的途径，建立长效的教学管理机制、激励机制和考核机制，使人文与科学精神教育既有其相对独立的教学内容和教学手段，又能够与其他学科教学紧密结合，重视人文与科学精神教育的潜性课程和隐性课程的建设，建立相对活跃的人文与科学精神教育校园氛围，构建课内与课外相结合、校内与校外相结合的联动机制。

(二) 建议

1. 内涵发展，协同育人，提高人文与科学精神教育水平

高校应深化人文与科学精神教育的内涵，进一步提高人文与科学精神教育的办学水平，促进不同学科协同发展，以形成协同育人的良好局面，不断提高人文与科学精神教育水平。

2. 加强高校学生实践能力同人文与科学精神教育相融合的发展模式

高校要进一步加强学生人文与科学精神教育的引导和管理，协调各方力量，确保人文与科学精神教育能够健康有序地发展。将课内与课外相结合，校内与校外相结合，让学生实践能力同人文与科学精神教育融合发展。

3. 引导教师潜心育人，潜移默化提升大学生人文与科学精神

高校应通过实施人文与科学精神教育，积极优化其内涵，以真正突出"协同育人"理念，同时，不断提升人文与科学精神教育质量，努力体现"新时代人文与科学精神"特色。通过切实提高师生的整体素养，不断培养师生的人文能力和创新能力，把大学生培养成为既具备科学创新精神又具备人文鉴赏精神，既会做人又会做事，既能创新又能传承，既有较强实践能力又有较强可持续发展能力的高素养复合型人才。

第三节　教育实践创新促进大学生科学素养与人文素养相结合

高校大学生作为国家的未来，学生科学素养和人文素养的高低直接反映了社会经济文化发展水平。在高校大学生的专业教育中，将科学素养和人文素养相融合，并进行系统的培育，不仅是知识经济时代社会发展的必然要求，也是高校教育实践创新的重要方法。高校在开展教育实践创新教学工作的过程中，要不断促进科学素养与人文素养的融合，这是二者存在着辩证统一的关系所决定的，是实现新时代国家发展战略目标所需要的，也是当代大学生提升综合素质的内在要求。只有二者从本质上实现有机的融合，才能推动教育实践创新向更高的层面发展，大学生才能不断地完善自身的知识结构，提升自身的综合素养，真正掌握全面的科学文化知识，培养健康的人文精神和良好的人格。

一、科学素养与人文素养在创新活动中的关系

科学素养与人文素养是当前大学生综合素养的重要组成部分。科学素养注重学生所具备的探索世界的技能及方法。人文素养注重学生所具备的认知世界的价值意识。二者在许多层面都不尽相同，但从本质来看，二者具有相互依存、

相互补充、辩证统一的多联关系，科学素养和人文素养具有相互促进的作用。没有人文素养的科学精神和没有科学素养的人文精神都是相对片面和不完全的。

高校在构建创新人才培养体系时，要把自然科学、人文科学及科学精神、人文精神结合起来，并融入培养体系中。将科学精神与人文精神贯穿于学生的学习生活中，有助于培养学生创造性思维及综合人文素养，并在学生的实践创新活动过程中彰显二者回归统一的关系。

高校学生所具备的科学素养与人文素养，是大学生文化素养的综合表现形式。二者之间相互依存、互相促进且密不可分。在创新实践活动中，对科学知识的人文探究和对人文知识的科学透视，是对科学素养与人文素养的辩证认知。只有把两种素养的培育有机地统一起来，创新工作才能有效实施，才能真正把大学生培养成为具有创新思维综合素质的拔尖创新人才。

(一) 科学素养与人文素养相结合是国家实施创新驱动发展战略的现实需要

随着国家步入知识经济时代和创新驱动发展战略时代，科学技术的创新和发展达到了一个更高的层面，科学技术的发展也越来越成为综合国力竞争的决定性因素，这同样也关系到中华民族伟大复兴、国家的繁荣与富强。科技发展水平的高低，代表着一个国家创新能力的强弱，因此普遍受到了各国的高度重视。高校作为培育创新人才的地方，应强化创新教育，构建实践创新人才体系，努力培养具有高素质的创新人才，同时，高等教育还承担着提升国家整体科技创新综合实力的历史重任，以实现中华民族的伟大复兴。此外，高校还要加强科学素养与人文素养的融合，促进高等教育的全面发展。

高等教育在培育创新人才的过程中，需将科学素养与人文素养有机结合起来，成为推动我国创新型国家建设反中国式现代化的重要力量。在高校创新教育中，对大学生的培育集中体现在培养他们的科学素养和人文素养上。在学习过程中，大学生只有接受完整的文理知识，才能充分发掘自身发展的潜能，丰富对社会的情感世界，增强其内心能动力和精神力量，最终成为一个全面发展的创新型人才。在当前国家实施科教兴国战略、人才强国战略、创新驱动发展战略的大背景下，加强大学生科学素养和人文素养的融合，对于推动我国科技创新的发展，增强综合国力、民族凝聚力和向心力，具有十分重要的现实意义。

(二) 科学素养与人文素养相结合对学生综合素质提升的内在要求

科学素养和人文素养是当代大学生必须具备的综合文化素质。学生具备了这两种素养，就能在创新实践中不断磨炼自身的心理素质和树立正确的人生观，不断拓展自身的创新发展空间，从内到外不断超越自我，促进学生理想或人生规划早日实现。作为新时代的大学生，他们正处于个人发展的黄金时期，创新思维活跃，因此应该将科学素养与人文素养进行结合，并贯穿于终身学习之中。从这个层面上来说，科学素养与人文素养的结合是新时代大学生实现自我发展的内在要求。

随着国际大环境的变化，当前对人才的认识与需求发生了根本性的变化。既具备良好的专业技能又具有良好的职业素养和道德品质的综合型创新人才越来越受到社会的广泛重视。大学生的科学教育和人文教育交叉与融合是创新教育中密不可分的两个重要方面，也是大学生提升综合素质的内在要求。高等学校在构建创新人才培育体系时应坚持科学素养与人文素养并重的教育理念，促进文理科有机融合，将大学生科学素养和人文素养的提升放在高校教育发展的重要位置，不断促进大学生的全面发展。

二、大学生科学素养与人文素养有效结合以实现创新要求

科学素养与人文素养相互融合是高校提升创新教育质量的有效途径，也是提高大学生创新能力和综合素质的重要保障。在推进创新教育的过程中，高校在教育教学改革方面，应深入研究创新教育的本质内涵，紧紧围绕培育创新人才这一根本宗旨，不断促进科学素养与人文素养的渗透与融合，启迪大学生创新意识，并努力开拓大学生创新思维，积极塑造大学生创新人格，从本质上提升大学生的创新能力，从而有效推进创新教育的发展。

(一) 科学素养与人文素养的有机结合，利于培养学生的创新意识

创新意识是学生对于创新价值性和重要性的一种内在认同和追求，是推动学生开展创新活动的内在动力。在学生的学习生活中，部分大学生存在创新能力及动力不足的问题，这主要是由于学生缺乏创新意识，对创新活动的理解存在不足。受传统教育及家庭环境的影响，有部分大学生的人生观、价值观与当前社会的发展不相适应，在学习方面缺乏自觉性、能动性和主动性，同时对专业知识、人文知识掌握不够深入，知识结构不合理。这些问题导致他们缺乏对

实践创新的热情和毅力，不能及时发现和解决生活中遇到的问题，影响创新的热情。有部分学生甚至认为创新是个别人的事情，与自己毫无关系，这些都会影响大学生创新能力的发展。

科学素养和人文素养的有效结合，将有助于大学生形成正确的世界观、人生观和价值观。自然科学和人文社会科学的融合，也有助于提高学生科学素养和人文素养水平，使他们能够在科学和系统的思维基础上，对自然界和人类社会的普遍规律进行认知，从而获得真理性的理解和信念。同时，要加强大学生科学素养和人文素养水平，积极地促进二者的有机融合，有效地改变目前理工科大学生人文知识欠缺及人文科大学生科学素养不足的现状，促进学科间的交叉协同，从而有效地完善大学生的知识结构。

由此可见，学生的科学素养与人文素养有机交融，有利于大学生在接受教育的过程中形成良好的人生观、价值观、社会观，并能树立正确且明确的人生目标，使他们能够正确地认识生活中的实际问题并能积极地进行思考，增强学习的积极性和主动性。

科学素养与人文素养的有机结合，还利于大学生建构完善和合理的知识结构，促进他们更加全面和理性地分析并解决生活中遇到的问题。这种热情和态度，有助于塑造学生善于发现问题和解决问题的品质，这种品质也是创新意识所不可或缺的，是大学生提升创新能力的关键。

(二) 科学素养与人文素养的有机结合，开拓大学生创新思维

创新思维主要指在实践创新活动中，以独特新颖的方式解决问题的思维过程。这个过程的内在本质是指创新意识的感性认知升华至理性探索的层面，并实现创新活动由感性认知到理性思考的飞跃。教育实践创新活动中，创新思维能力培养是核心，这对学生自主创新能力的提升具有十分重要的作用。进一步开拓创新思维能力，首先要正确把握创新思维能力的影响要素与构成要素。学生创新思维能力的影响要素主要包括创新热情、创新理念、创新洞察力、创新思维方式、创新方法和知识的综合运用等方面，而它的形成则受到大学生自身因素、环境因素、体制因素和家庭因素等方面的影响。

在创新教育过程中，需要不断研究和探索适合创新思维能力提升的主客观因素。教育教学方法上，要引导和激发学生学习的主观能动性，鼓励他们积极学习，勇于探索，并注重知识积累，注重科学素养与人文素养的融合与提升，同时鼓励他们主动发现问题，主动探索问题，不断提升自身的创新品质、创新

精神、创新技能和实践技能等。客观上，要改变传统的、封闭式的教学方式，实施相对自由开放式的教学方法，不断完善和创新课程体系，促进学科间的交叉与融合，特别是科技知识与人文素质的互补协同。此外，还应营造积极良好的校园创新文化氛围，为创新思维能力的形成与提升提供有效的保障。

(三) 科学素养与人文素养的互补交融，塑造大学生的创造性人格

创造性人格是指一种独特的特质。它具备创造力和创新能力。创造性人格是指有助于发挥创造力的因素的总体，如创新精神、创新意识和创新热情等，是人格结构的重要组成部分。

学生创造性人格是创造力发挥的内在依据，创造力发挥是创造性人格的主要外在表现。创造力包含智力因素和非智力因素两个方面。智力因素主要指科学素养的范畴，包括思维、逻辑和独创等因素。非智力因素主要包括兴趣、勤奋和意志等因素，隶属人文素养的范畴。在创新活动中，创造性人格对于学生创造力中的智力因素和非智力因素的发挥，具有重要的导向和协调作用。

高校教育教学中，创新教育主要指提高学生创造力的教育过程。在实施创新教育时，须对大学生的创造力有充分的认识和正确的评估，教育教学过程中要促进大学生科学素养与人文素养的不断融合，正确处理培养创造性人格和发挥创造力之间的关系，即智力因素和非智力因素之间的关系以及创新动力和创新能力之间的关系。协调好上述关系能更好地将与创新相关的各项重要因素有效地结合起来，塑造大学生良好的创造性人格，不断提升大学生的创造力，从而促进大学生创新素质和创新能力的有效提升。

(四) 科学素养与人文素养的相互交融，有效提升大学生的创新能力

教育实践创新活动中，在学生创新人才培养方面，目标是促进学生创新动力和创新能力的有效提升。从创新动力和创新能力之间的关系来看，学生只有创新动力而缺乏创新能力，在实践创新活动中是无法实现创造的；创新能力作为学生潜能的一种表现,在学生的创造性活动开展的全部过程中起着能动作用。创新能力主要包括理性思维能力和非理性思维能力，二者是辩证统一的关系。学生创新能力的有效提升不仅需要有理性思维能力(理性思维能力具有系统化与条理化)，同样也需要非理性思维能力的开放性与活跃性，二者在实践创新活动中相互促进，相互依存，共同推动着实践创新的发展，成为一切新思维理念产生的重要来源。

由此可见，在创新教育过程中，我们既要重视理性思维能力的作用，又要重视非理性思维能力的作用。科学素养与人文素养的融合，一方面可以引导广大学生更加理性、客观地进行深层次的思考，教育学生学会运用概念、原理进行科学的判断和推理，锻炼学生的理性思维能力；另一方面，科学素养与人文素养的相互交融，有效提升了广大学生运用直觉、灵感、联想等抽象理念认知和解决实际问题的技能，进而提升大学生的非理性思维能力。理性思维能力的锻炼和非理性思维能力的提升互为补充、相互促进，共同构成了大学生创新能力的重要支撑。

三、教育实践创新教育中科学素养与人文素养相结合的途径

高校创新人才培育体系中，将科学素养与人文素养有机结合，要从两方面理解，即认知与实践层面和思想精神层面，是一项比较复杂的教育系统工程。为了在高校教育教学工作中有效推进创新教育，高校需要将科学素养与人文素养相结合的理念贯穿于教育实践创新工作过程中，并系统构建二者相融合的实践创新培育人才模式，营造良好的校园文化氛围，构建二者相结合的实践创新教育平台，实现科学素养与人文素养二者内在本质的融合。

(一) 确立理念

教育教学工作中要树立科学素养与人文素养相结合的创新教育理念，培养实践创新型综合人才。高校教师必须转变传统技术本位的教育价值观，要以新时代的教育理念为指导，坚持以人为本，注重学生全面发展。以人为本是新时代教育发展观的本质和核心，也是现代创新教育的价值理想和思维基点。实践创新教育无论从它的本质还是最终目标看，都应该聚焦于学生的全面发展。实现学生全面发展的内涵就在于科学素养与人文素养的有机统一。

目前，高校在教育教学过程中，应当协调发展科学技术教育、专业技能教育和人文素质教育，并注重综合素质培养，以促进学生全面发展。教学过程中要避免过于专业化和功利化的教育模式，确保学生创新意识、创新精神和创新能力的协调发展。因此，高校学生接受教育时，应改变传统的"一技之长"专业化教育模式，要更新现有的新时代教育理念，培养适应创新型国家建设和有利于实现中国式现代化的综合型创新型人才，坚持科学素养与人文素养相结合，以科学发展为引领，充分发挥大学生在创新中的主体作用，以大学生自由全面

发展为人才培养的目标，帮助大学生树立正确的世界观、人生观、价值观，培养学生的社会责任感和历史使命感，塑造学生完整而健全的创造性人格。

(二) 确立创新模式，建立科学素养与人文素养相结合的创新育人模式

高等学校创新教育的发展很大程度上受到传统的教育管理模式和管理体制的制约。要进一步提高育人质量，需要转变育人模式，优化创新育人机制，完善教育体制、调整专业设置、优化课程设置等多方面的制度设计，并利用现代信息技术及现代化教学手段，深化教学内容和教学方法的改革，建立科学素养与人文素养相结合的创新育人模式。

强化教育机制建设，实行学分制、交叉选课制、课外附加学分制等，从教育机制上保证学生自主地构建个性化的知识体系。在专业设置方面，促进文、理、工等不同学科交叉协同，结合专业改造，建立新兴交叉学科和复合型专业；选择性地开设辅修专业、微专业，鼓励学科交叉和文理结合。在课程设置方面，拓展通识课程的广度和深度，建构科学与人文间互通的重要桥梁，使学生能突破专业的制约，拓宽知识领域。在教学方法和教学内容方面，注意学科的交叉融合，在文科教学过程中融入以科学思想、科学方法和科学态度为内容的科学素质教育；在理工科教学过程中融入人文精神和人文理念，探索科学知识的学习和科学方法，促进科学素养和人文素养的和谐发展。在教学和考核方式上，不应拘泥于传统，要结合大学生的性格特征和发展需求，以拓宽大学生文化视野和塑造大学生完整人格为宗旨，采取更加灵活多变的方式，来开展教学与考核评价。

(三) 营造氛围：营造科学素养与人文素养相结合的创新育人环境

高校学生创新能力的提升和综合素养水平的提高，离不开学生在学习过程中的努力，而良好的创新教育环境对大学生创新技能的成长起到了重要作用。

在开展创新教育的过程中，高校应改变传统教育模式，即重知识传授、轻素质培养的治学理念。高校可通过举办学术活动、科技竞赛、文化节，营造生动活泼、勤奋学习、崇尚科学的科技文化氛围，培养和调动大学生的创新热情和兴趣，培养学生实事求是、严谨踏实、勇于探索的创新精神。在课后实践活动中，可组织人文社团、学术沙龙、学者讲坛，加强国学教育，弘扬民族精神，构建百花齐放的人文环境。高校应构建和谐融洽的校园文化和校园环境，为大学生科学素养和人文素养的融合提供自由开放的大环境。

(四) 强化实践：推进实践创新的科学素养与人文素养相结合

在构建创新人才培养体系时，实践是创新的沃土。所有的创新理念、教育目标最终都要通过实践才能内化成大学生的素养，并由实践来引导和帮助学生熟悉。通过社会教育实践将学校教育和社会教育有机结合起来，在校园文化与社会文化的互动中促进大学生综合素质的提升，使社会实践成为促进科学素养与人文素养有机结合的关键途径。

在社会实践创新中，高校应强化跨界、跨专业协同，积极为文理科学生搭建沟通和交流的平台，鼓励学生在交流中不断加强学科间的交融与渗透，互相学习，共同探讨，使理工科学生在实践中实现人文素质的提升，使文科学生在实践中不断增强科学素养。将课堂教学理论知识运用于社会实践创新，有利于学生锻炼自己的实际动手能力和逻辑创新思维能力，也有助于培养学生创新思维意识，提高学生创新能力，而且可以帮助学生更好地认知社会生产实际，更利于修正学生的人生观和价值观，有助于促进学生科学素养和人文素养的深度融合和综合素质的全面提升。

所以，科学素养与人文素养的有机结合是加强高校创新教育的重要途径。高校应重视创新教育理念，准确把握科学素养与人文素养的本质内涵，强调科学素养与人文素养融合在创新教育中的重要性，并积极探索实现二者相结合的有效方法，构建与之相适应的创新教育平台，不断完善教育管理模式和评价机制，从而推动高校创新教育向更高的层面发展，不断提升高校的育人质量。

第四节　教育实践创新与艺术教育的联系

教育实践创新与艺术教育有着紧密的联系，二者之间有相互促进的作用。艺术教育有利于培养学生的创新性思维，对于新时代培育创新人才具有重要的作用。

一、对艺术教育的理论理解

艺术教育不仅要提高学生对美的感受和理解，培养学生对艺术的表现力和创造力，还必须进行必要的技术训练。艺术教育不能仅停留在单纯的知识传播上，而是应确保学生具备一定的鉴赏能力和理解能力，同时掌握相应的技能。

在当前，"艺术教育"有两种不同的含义和内容。狭义地讲，"艺术教育"是为了培养艺术家或专业艺术人才所进行的各种理论和实践创新教育，如各种专业艺术院校所培养的艺术人才，戏剧学院培养出编剧、导演和演员，音乐学院培养出作曲家、歌唱演员和器乐演奏员等。广义地讲，"艺术教育"是美育的核心，它通过艺术实践和艺术学习来实施美育。它的根本目的是培养学生的艺术修养，而不是为了将其培养成专业艺术工作者。

在当代社会中，学生的学习生活与艺术存在着紧密联系，例如看电影、听音乐、欣赏绘画等。因此，广义的艺术教育是指在对学生的培育过程中，普及艺术的基本知识和基本原理，通过对优秀艺术作品的欣赏和评价来提高学生的审美修养和艺术鉴赏力，培养学生健全的审美心理结构和审美创新思维。

二、审美创新与创新思维的关系

高等学校审美创新教育就是要培养大学生的审美创新思维、审美创新意识、审美创新技能等，其中审美创新思维的培养是核心。现代心理学认为人的思维可以分为两类：一般性思维和创新性思维。一般性思维是指人的大脑利用现有的信息进行分析综合，做出判断，保持人的思维的正确性和严谨性，对人有效地适应社会生活具有重要的作用。创新思维是指人以智力因素和非智力因素为基础来创造新事物的高级复杂的思维能力，是人们对于未知领域新鲜事物的探索。具体来说，创新思维是指在创新意识的支配下，将大脑中的感性和理性知识信息按科学的思路，借助联想、想象、直觉和灵感，通过不断地进行尝试和猜想，以渐进性和突发性的形式重新组合这些信息，逐渐寻找问题的解决方法，然后逐一提出方案，并进行理论和实践的检验，形成有社会价值的新理论观点、新知识及新方法等。创新思维是人们从事创新活动所必须具备的思维能力，不仅有助于人们解决现在正在面临的和将来可能遇到的各种全新的问题，还能帮助人们深刻全面地掌握知识，进而将这些知识广泛迁移到人们所面临的新问题情景中，使创新活动得以顺利完成。

三、艺术教育对大学生创新思维培养的重要作用

科学上的创新要有严密的创新逻辑思维，但也需要形象思维，从生活中大跨度的联想中得到启迪，再用严密的逻辑加以验证。我国科学家钱学森先生曾

说过:"难道搞科学的人只需要数据和公式吗?搞科学的人同样需要灵感,而我的灵感,许多就是从艺术中悟出来的。"从中可以看出,创新思维的培养受到艺术思维的正向影响,创新思维与艺术思维在一定程度上一脉相承,二者之间具有紧密的关系。艺术活动本身就是一种创新思维活动过程。高校学生在学习过程中,艺术教育的丰富性和创新性活动给大学生提供了丰富的想象空间和广阔的联想空间,利于培养和发展大学生的创新思维能力,对于大学生的全面发展,特别是创新能力的培养,具有重要的作用。

(一) 通过艺术教育,培养学生的思维灵活性

思维灵活性是思维活动的体现,是思维广阔性的基础,也是学习、工作、生活及实践创新工作中创新思维得以产生的重要因素。艺术作品来源于生活又高于生活,既是平凡生活的"再现",又是对平凡生活的"表现"。所以,艺术创作在一定程度上需要通过创新思维进行艺术虚构,而在此过程中就离不开想象思维。没有想象思维和创新思维,就没有艺术创造。艺术想象是在艺术创作者情感的支配下,由理智潜在地进行艺术形象分解、综合,并创造新形象的艺术思维过程。创新思维同样离不开想象,学生的想象力是学生在已有形象的基础上,创造出新形象或新画面的能力。想象在意识与潜意识之间架起一座桥梁,把学生的个性、智力和精神、情感紧紧地融合在一起。所谓真正的艺术作品不是看见的,也不是听到的,而是通过想象刻画出来的某种东西。艺术创新使普通物品的美在艺术作品中得以充分展现,赋予它们新的生命力。在艺术创造过程中,想象的参与增强了思维的灵活性和广阔性。艺术教育在培养学生的想象力方面有其独特的优势,通过艺术创作和艺术作品的自由性、模糊性和不确定性的特征,为学生提供了丰富的想象空间和广阔的联想空间,极大地丰富了学生们的情感和想象力,利于学生创新思维的发展。

(二) 通过艺术教育,能培养学生综合性思维

综合性思维指学生整体地把握外界信息,给信息赋予新秩序,使之生成整体意象的能力。学生的创新思维并非一种全新的思维方式,也非某种思维形式的简单运用,而是对聚合思维与发散思维的综合运用。创新思维是一个聚合、发散、再聚合这样多次循环往复、螺旋式上升的过程。在这个过程中,不断摒弃错误的结论,修正不完善的结论,最后聚合出最优化的结论。艺术教育对学生的思维发展具有整体性效果和综合性的功能。艺术活动通过综合、叠加、粘

合、变形、补充和夸张等手段，将事物的形状、色彩、空间等知觉对象进行整合展现，形成新的审美意象，同时也是对事物的一种综合性把握。

(三) 通过艺术教育，能培养学生思维的独立性

思维的独立性是指学生的思维主体善于独立思考、独立发现问题，能解决所遇到的问题，并善于观察新情况，找到事物新规律。思维独立性是学生创新思维的必备素养，也是开展创新活动的前提和基础。创新思维的独立性具体表现在两个方面：一是对科学问题的怀疑。这种怀疑以客观事实为依据，积极地从反对现存的理论和方法的角度进行深思考、再探索和再研究。通过培养思维独立性，能够拓展学生思路，促进科学的发展；二是对事物积极批判。这种批判表现为对事物客观、冷静的思考，常与对事物的反思结合在一起。对常认为是完美无缺的相关结论和现象从另外一个角度进行修正或"扬弃"的过程的实质是对所创造对象的价值做出重新判断，从而有机会出现新的观点或论断。艺术审美活动具有高度的自由性、独立性和批判性。大学生在艺术审美过程中，完全受学生意识的指导，审美对象的美与丑、好与坏、真与假，都是由学生做出独立评价的。大学生创新思维独立、批判的思维方式就是在这个过程中逐渐形成的。

(四) 通过艺术教育，能培养学生的独创性思维

学生独创性思维是指学生能自行独立思考并创造出具有社会或个人价值的创新性成果的智慧品质。独创性思维在创新活动中主要体现为学生在面对不同的环境或困难时，能采取相应对策，并以独特的、创新的思维解决所遇到的问题。在当前科技创新时代，任何创新活动都离不开思维的独创性，创新活动表现为做事不墨守成规，思维能破旧立新，行动能前所未有，不同凡俗，别出心裁。老子在《道德经》中提到："天下万物生于有，有生于无。"艺术创作的主要特征就是独创新颖和不可复制。具有独创性的艺术作品，主要体现为艺术家用自己独特的智慧、审美情趣、艺术才华和艺术修养来再现生活，对现有资料进行想象、构思、改造和升华，创造出独一无二的艺术作品。同样，艺术审美亦是如此。在艺术审美活动过程中，审美主体通过自己对生活、艺术的独特经验、学识、个性、情感以及直观、想象能力等多方面的交融升华，再提升到对艺术创作品位的理解和把握，从而能够独创见解。因此，学生通过艺术教育的培养，可以塑造学生的独创性思维，使学生能够进行创造性的学习，不拘泥、不守旧，独特且创造性地解决所遇到的问题，进一步发展学生的创新思维。

四、艺术教育促进学生创新思维的基本途径

高校学生通过艺术教育，可以促进自身创新思维的发展。学生创新思维的培养，可以从直觉能力训练、想象和联想能力训练以及灵感训练三个方面开展。

(一) 直觉能力训练

直觉能力训练，是指学生在观察事物时，不经过逐步的分析，而是对事物的表象突然的领悟或者理解，这是一种非逻辑的判断能力，对事物本质的洞察和把握建立在自身潜意识的基础之上，其特点就是有极大的创造潜能。直觉能力在创新思维培育过程中，对于创新思维能力的养成具有重要价值。直觉能力的充分应用主要体现在艺术生活创作和艺术欣赏中。在生活中，学生对艺术作品或其他客观事物进行审美判断和鉴赏时，不需要进行逻辑分析与推理，而是凭借直觉能力获得审美感受和判断。审美直觉从理论上来讲不仅仅是简单的认知，而是感性渗透着理性，是直观的又是推理的。根据艺术教育教学的特点，艺术教育可以通过音乐、绘画等艺术创作、审美活动，发展学生的直觉力，达到培养学生直觉思维的目的。

(二) 思维想象和联想能力训练

想象和联想通常指人的大脑对记忆中的意象进行加工、改造、重组，对事物创造出新形象的思维过程。想象和联想是一种形象思维，可以使学生对事物的理解超出逻辑思维中概括性与统一性的界限，而探索尚未概括的无限可能性，从而展现出一个全新的领域。在艺术创作和审美活动中，学生可以运用感觉、想象和联想来将感性材料和情感经验综合成为一个有机整体，并在看似毫无联系的事物之间找到内在联系，使学生的认知意象能力和感知敏感性得到发展和提高。因此在高校的实践创新活动中，可以通过艺术教育对学生进行想象和联想能力训练，进一步锻炼对形象的感知力，丰富意象储存，使学生的形象思维能力得到充分解放，丰富和活跃思维空间，有效促进创新思维能力的提升。

(三) 灵感训练

"灵感"，是指人的大脑经过紧张的思考和专心的探索之后所产生的思维质变，是思维活动中渐进过程的中断和升华，是一种特殊的思维现象，是创新活动的重要途径。当学生对某一问题百思不得其解，陷入山重水复疑无路的境

地时，某一偶然因素的激发会使其顿悟，这是学生思维过程中的突破阶段，标志着创新活动的重大进展，也是认识由量变到质变的飞跃。

总之，高校艺术教育的过程就是培养创新思维的过程，是对大学生潜能开发的过程，是把凝固的文化激活的过程。艺术教育及其实践活动使大学生在艺术审美活动中感受多样的形象世界，发展良好的创新思维，促使大学生的创新能力具有自发性和恒久的动力。因此，艺术教育在创新思维的培养过程中所发挥的重要作用是任何教育都无法替代的。在教育教学过程中应该积极地对这一教育规律进行更加深入的研究，自觉地运用和发挥艺术教育这一独特形式的特殊功能，开发大学生的巨大创造潜能，为提高大学生的全面素质做出努力。

第五节　艺术教育塑造创新性思维的主要方法

高等学校艺术教育对学生创新性思维的培养有着独特而重要的作用。国内外许多心理学、教育学的研究成果证明，高校学生通过艺术教育的培养，能够促进创造性思维的形成。艺术教育是学生美育发展的重要途径，艺术在生活中不仅能够让学生有美的体验，而且能够让学生受到智慧的启迪，促进学生在实践创新环境中创新性思维的培养与提升。艺术教育与创新思维有着紧密的联系，二者具有相互促进的作用。创新性思维的培养能促进学生的艺术教育的学习，让学生在艺术创作中创造出更新颖、更有思维性、更美的作品。心理学研究表明，创新性思维是智力活动的重要部分，创新性思维的主要特点就是摆脱了传统的习惯性思维定式解决问题的思维方式，鼓励学生在发散性思维(即产生多种可能性和解决方案的思维)的基础上进行聚合思维(即选择和整合最佳方案的思维)，从而创新性地解决问题。

一、艺术教育中培养学生创造性思维的方法

(一) 改变传统观念及授课方式

传统的艺术教育观念主要强调对学生技能的培养，忽略了对学生审美能力、创新思维能力和艺术鉴赏能力的培养，艺术教育教学主要表现为教师在课堂上机械地教授艺术教育课程，忽略了学生的想象思维能力的培养。因此，在

教育教学过程中，艺术教育工作者应该打破这种传统且过时的教育观念和教育教学方法。在创新人才培育体系中，教师应大胆探索新时代人才培养模式，构建符合创新人才培养的课程体系。教学设计方面，首先要树立"学生为先""以人为本"的教育理念，教学中要把学生作为学习的主体，在学习过程中充分挖掘学生创新能力，促进学生个性发展。艺术教育内容与方法都要按照学生的需求去设计，鼓励学生充分发挥自己的想象力与创造力，大胆创新，这样才有助于创造性思维的培养，突出学生个性发展和创新思维发展。同时艺术教育工作者不仅要遵循当前高等教育的普遍规律，更要研究新时期艺术教育的特殊规律，着力探索和打造高等学校艺术人才培养的方法与路径。

(二) 加强艺术教育教师专业发展

为了培养具有创新性思维的学生，高校需要构建一支具备创新性思维的师资队伍，确保学生在思维培养方面得到创新的专业指导。教师在教育教学过程中，应设计系统的、能激发学生潜能的教学方法，并采用开放、自由、包容的教学方式进行教学传授，在艺术教育教学课堂中给学生提供个性化的学习体验，鼓励学生充分发挥想象力。在组织教学工作时，教师还应该根据创新性思维培养模式的特征，在课堂上展开多种形式的互动活动，包括教师与学生的互动、学生与学生的互动，通过课堂教学的互动来调动学生学习的积极性，让学生在互动课堂教学的氛围中得到思维启发，进而发展其创造性思维。这种多形式的互动还可以加深教师对学生个性的了解，更利于教师在教学工作中根据学生不同的个性特征进行专业知识引导，从而进一步优化教学模式及培养方式，充分发掘学生的艺术潜能。艺术教育教学工作常秉持"以创作带动教学，带动基础"为理念，鼓励学生投入创作。同时也可开辟第二课堂，加强实践创新教育，给学生提供一个能进行多维度自我展示的教育平台。创新精神在艺术教育基础训练中具有不可或缺的重要地位。在艺术教育基础训练中，所规定的艺术教学工作是必不可少的。艺术教学工作应是多维度和多样性的，并非单一的标准和手段。单一化教学会在不知不觉中制约学生的创造力和创新思维。多样性多维度造型性训练包含了学生个性培养的广度和深度，为挖掘学生自我潜质提供了广泛的可能性。在教学内容设计方面，具象素描、意象素描乃至抽象素描，以及各种风格流派的艺术表现手法，都应作为不同造型取向和不同表现手法的课程内容，这不仅可以丰富艺术创作的表现形式，还能拓宽学生的创新思维，为学生提供广阔的自我探索、实践创新的空间。

二、艺术教育教学中，要加强学生的主体性和主观能动性

高校艺术教育的主体是学生，在教学方式上应鼓励学生解放思想、拓展创新思维，在艺术创新实践中能够独立思考、敢于质疑，并善于总结和反思。通过学习艺术创新，学生应构建自我审美价值判断体系，聆听自我心灵的呼声，进一步提升综合艺术素养和创新水平。教师在艺术教育工作中，应不断提升自己的艺术教育专业水平，以适应新时代艺术教育的大环境，并对当前的艺术教育有较前沿的认知。在艺术教育过程中，教师应有意识地改变以往传统教学的模仿多于创造的偏向，注重在艺术教育的各个环节启发学生的思维想象力和创造力。在艺术教育中，强调学生的主体性是指要充分尊重学生的人格，尊重他们的个体差异性，欣赏学生所表现出的艺术鉴赏力和艺术才能。在艺术创新教学中要充分调动学生敢于想象和打破常规的积极性。艺术教学过程中教师应做到：第一，尊重学生突破常规的提问；第二，尊重学生不同寻常的想法；第三，向学生表明他们的想法的价值所在；第四，对学生自发学习提供机会并予以肯定；第五，给学习、实践一段不受评价的时期。上述五条原则，给教师提供了在教学中鼓励并引导学生发展创造力的方式和手段。在教学内容安排、教学评价方法等方面，都要重视学生的主体地位，真正做到以学生为本，以学习为本，以人为本。学生的创造性思维能力的培养单靠教育是远远不够的，教师知识渊博、技巧纯熟并不代表其就有强大的创造能力。艺术家正是因为有了这种创造性思维，并对创作对象或描绘主题进行艺术二度创作和升华，所以才有了毕加索、梵高、塞尚、马蒂斯等一批又一批的大师涌现。

综上所述，我们在艺术教育教学过程中，应鼓励学生积极、自觉地开放想象力、创造力，并自由思考。同时，对艺术技巧学习和实际训练要进行严格的把关。通过这种方式，学生才能以科学的态度正确而全面地理解和认知艺术创新活动中关于创造的客观规律和特质，进而在实际的训练中自觉地践行思维(大脑)和技巧(手)的有机辩证统一。所有的艺术活动都离不开创造力，而学生创新能力的培养以及人类精神和文化的不断追寻与创造，将永远是艺术教育神圣的使命。艺术教育的过程，也是创新思维培养的过程，两者之间存在紧密的必然联系。不管是哪一个学科的创新思维的培养，都可以充分利用艺术教育和艺术创作的特征，构建创新人才培养体系。